伦巴第街

LOMBARD STREET

A Description of the Money Market

货币市场记述

[英] 沃尔特·白芝浩 著
刘昭洁 译

中信出版集团 · 北京

图书在版编目（CIP）数据

伦巴第街：货币市场记述 /（英）沃尔特·白芝浩著；刘昭洁译 . -- 北京：中信出版社，2018.11

书名原文：Lombard Street：A Description of the Money Market

ISBN 978-7-5086-9619-5

I. ①伦… II. ①沃… ②刘… III. ①货币市场－研究－英国 IV. ① F825.612

中国版本图书馆 CIP 数据核字（2018）第 231285 号

伦巴第街——货币市场记述

著　　者：［英］沃尔特·白芝浩
译　　者：刘昭洁
出版发行：中信出版集团股份有限公司
（北京市朝阳区惠新东街甲 4 号富盛大厦 2 座　邮编　100029）
承 印 者：北京鹏润伟业印刷有限公司

开　　本：880mm×1230mm　1/32　　印　　张：9.25　　字　　数：199 千字
版　　次：2018 年 11 月第 1 版　　印　　次：2018 年 11 月第 1 次印刷
广告经营许可证：京朝工商广字第 8087 号
书　　号：ISBN 978-7-5086-9619-5
定　　价：58.00 元

目 录

导读

与英国宪制类似，英国的信用系统是一个充满生命力的系统。它从过去发展而来，又向未来发展而去。过去、现在和未来是一个不间断的过程，除非了解它的过去，否则没有人能够完全理解这个系统的现在，对它的未来也知之甚少。白芝浩以其天赋之火焰为我们照亮并带领我们去看那条我们曾走过的“伦巴第街”，并思考我们将去往何处。作为参考著作和比较标准，本书的实用之处在于新版本里增加了对注释的审慎修订，这部分工作是由 A. W. 赖特先生完成的，A. W. 赖特先生是《经济学人》杂志的编辑，白芝浩也在该杂志长期从事编辑工作。

哈特利·威瑟斯

1915 年 2 月

伦巴第街现状

白芝浩在后面的自序中告诉我们，他的这本书是从1870年秋天开始创作的。多年之后，这本有关风云变幻的货币市场的书，仍然是那些想理解该领域的人无法忽视的经典著作，这无疑是个奇迹。既然这本书有着这样的地位，那么对于那些不熟悉现代货币市场的读者，我们有必要就货币市场的主要运行规律及白芝浩写作时期发生的趋势性改变进行简要的阐释。

进行这项工作比较容易，因为这些运行规律和最显著的趋势性结果已经被白芝浩先生充分论证过了。伦巴第街全盘接受白芝浩先生对其进行的剖析。现代货币市场的发展有两个最主要的显著现象：第一，伦敦货币市场和世界货币市场对英格兰银行的依赖，同时，英格兰银行也成为英国联邦政府黄金储备的保管机构。这是白芝浩论证的核心主题，所有的背离和短期偏离最终都将回归。第二，英国股份制银行通过古老的私人银行逐渐退出及银行业务的同步成长、兼并后的扩张发展起来。所有这些都曾经被白芝浩预见和预言。

当前的支票流通

该领域的发展改善了货币市场在一些重要领域上存在的问题。由于普通股份制银行不准在伦敦设立分支机构，但是依据英格兰银行的特许，上述银行拥有票据发行的权利，在英国普及支票的使用也成为这些银行的一种特殊职能，并逐渐让支票成为货币流通的主要形式，而纸币的使用频次及使用数量大大降低，纸币沦为了二等通货，支票在货币流通中占据了更加重要的位置，并成为信用基础的一部分。自从股份制银行的分支机构遍布英国，它们迫切希望并已经做好准备将这一新的支付手段提供给那些相当稳健的客户。支票在商业支付中，已经成为主要流通媒介，而纸币几乎陷入流通停滞的状态。除英格兰银行外的所有英国银行发行纸币的显著表现，导致公布的资产负债表下降至仅略高于 100 000 英镑的水平，同时带来一个重要的发现，即它们习惯了资产负债表低于 1844 年法案授权的额度，因此它们余额减少的原因与其说是由于拥有纸币发行权的银行数量的减少，不如说是人们支付习惯的改变，因为人们已经不想持有大量的纸币了，他们习惯使用更加便利和安全的支票。

我们通常称英格兰银行票据的流通数量在这一时期有所增长，但其实际作为通货的流通数量可能低于白芝浩写作时期的数额。这本书在第二章具体描述了英格兰银行在 1869 年最后一周的收益情况，当时，发行部门发行了 33 288 640 英镑的纸币，银行业务部门持有 10 389 690 英镑的票据，因此总流通数量低于 2 300 万英镑。近些年，流通数量一直在 2 800 万 ~3 000 万英镑之间波动。需要注意的是，这种流通数量表面的增长可能并不归因于严格意义上的流通增长，而是由于其他银行使用英格兰银行票据作为备用金和现金储备。获得这方面的精确数据十分困难，因为在银行披露信息的过程中，不会提供其持有现金构成的具体细节，即它们拥有的铸币数量和英格兰银行票据的数量。但是在过去的 40 年时间里，银行新设分支机构的数量和累积的负债都有了显著的增长，使以上假设发生的可能性几乎成为必然。

银行票据和信托发行

英格兰银行票据地位的演变是具有重要意义的标志性事件。这并不是英格兰银行采取的各种行动导致的结果，而产生于外部的发展过程，由于其他股份制银行的发展及其成倍扩张分支机构的速度，其银行业务的种子便撒遍了全国。上述结果导致在商业交易过程中，英格兰银行票据作为信用传递工具的作用被大大削弱，反而成为其他银行建立自己信用运营的现金基础，并使其他银行具备成倍增加支票通货规模的能力，支撑支票通货规模发展至现在这种量级，并以锐不可当的势头，发展成为现代英国货币。这方面的发展大大改变了商业社会对此问题的一贯看法，即1844年《皮尔法案》（Peel's Act）① 对英格兰银行发行纸币的管制规定。根据这项法案，增发货币必须以一定的黄金储备为基础，只要英格兰银行票据作为通货为商业流通所需要，这种限额就会遭受批评，因为在英国最需要货币宽松的时候，却被强行施加了铁一般的枷锁。德国制度的优点在于，允许票据发行量超过一定的黄金储备，这种方式经常被称为信托发行——当存在大量资金需求时，德国这一制度会经常被英国当成范例。但是，目前大家普遍清楚地认识到：当支票已经成为英国货币流通中的主要形式，而其大量发行的规模仅以那些行事稳健的银行及其优质客户所能提供的有价证券做担保；英格兰银行票据的主要作用是成为部分银行业务的现金储备，在伦敦，普遍认为应该更进一步实施《皮尔法案》对发行货币方面采取的限制措施；有关信托发行和以有价证券做抵押的货币发行应该逐步被废除，为其提供担保的应该重新恢复成黄金。自从信托发行的大部分收益流向政府成为既定事实，引入任何有关废除的变革主张都变得困难重重。从理论上说，掌握充分信息的主流民意目前更倾向于把英格兰

---

① 《皮尔法案》又称《英格兰银行特许条例》，1844年由英国议会颁布，由时任英国首相皮尔主持通过。该条例限制了大不列颠各大银行的权力，把货币发行收归中央集权式的英格兰银行所有。

银行票据视为一种纯粹的黄金储备凭证。那种完全依据严重制约银行业务发展的法律条文行事的观念已经发生了改变，这就进一步凸显了英国银行业因支票的使用而发生的改变和发展。

这种演化，与其说是一种改良，不如说是一种变革，正是支票将银行业务从 1844 年法案的枷锁中解放出来，该法案规定纸币不能直接增加，除非英格兰银行的黄金储备量增加。如果商业活动继续使用纸币，并且继续扩张——实际上这种扩张已经发生，那么此时，将会有大量的无用黄金堆在银行的金库里。但是法案没有对支票进行限制，同时所有新成立的股份制银行，发现银行业务并不意味着必须发行纸币，上述条件进一步推动了支票的使用，支票的应用取得了巨大成功。因此，支票的发展一方面将银行业务从 1844 年法案的管制中解放出来，能够为商业发展提供前所未有的最可靠的、富有弹性的和最适合的通货形式。在另外一方面，这些取得重大进步的大型机构的增长在一个非常重要的方面也发生了改变，也就是金融市场本身呈现给白芝浩的问题。他写到，在所有正常时期，英格兰银行永远是金融市场最重要的因素。

“在一切正常时期，伦巴第街总是没有足够的金钱为所有的票据提供贴现，除非能从英格兰银行拿来一部分钱缓解资金不足的状况。”

但目前情况已经不再是这样了。

外部银行的力量

到目前为止，上述内容——来自这本书的第五章——已经通过了现代事实的检验，即可以这样认为，在一切正常时期，伦巴第街具备承载其商业的能力，不再需要从英格兰银行获取任何资金援助，这一事实的结果是英格兰银行的利率，即英格兰银行对票据进行贴现的利率，在所有正常时期对外部市场的利率并不产生直接影响——该外部市场由其他银行和票据经纪商构成——这一机制正在发挥作用。只有在特殊需求时期，比如季度清账日，或者在一月到三月对直接税的季度性征收时期，或者交易异常活跃时期，或者是黄金外流时期，才需要英格兰银行的援助。此时利率才成为影响因素，而利率水平也会随着市场预期的不同，出现升高或降低的结果。其过程同白芝浩预言的一样，黄金储备的地位被不可动摇地确立下来，主要原因来自两个方面，一是由于黄金储备的一致性，二是来自公众观念同等程度的一致性压力。在英格兰银行意义上的职责和公众对其责任的坚持之间，沿着白芝浩指明的那条路径，已经取得了显著的进步。他指出，1 000 万英镑是英格兰银行储备不允许被突破的最低界限，现在这个限制很少低于 2 000 万英镑。他坚持这个观点："目前，相对一家银行负债的 1/3 的银行储备，绝不是银行业务部门的一个充足储备额。"在 1913 年，平均储备与负债的比例为 49.7%。在银行外部业务获得增长的同时，上述结论已经全部实现，并已证明，银行外部业务的增长使得伦巴第街从英格兰银行的援助中独立出来，在特殊时期也有存款，从而摆脱了在一般情况下对英格兰银行的依赖并不再处于英格兰银行的控制之下。正是外部环境的发展变化改变了问题的本来面貌，已经有迹象表明，英国的通货已经发生改变，目前英国通货大部分由支票构成，同时其也是银行业考虑在现金储备充足的情况下持续进行自我检查的原因，尽管这个进步是由英格兰银行实现的。英格兰银行的储备对其自身的直接负债额——不论绝对值还是相对值——都获得了增长，但是在跟银行在全国的大量负债做比较的时候，其储备仍被批评为不够充足，这些负债水平主要基于外部银行持有的现金，包括其在英格兰银行的资产余额。现金对负债的比例表明，外部银行面临的问题在今天同样困扰着银行界，并且持续将近 20 年时间。银行会议就该问题已经进行过多次通报和讨论，1890 年的危机，也被银行家学会所论述探讨。虽然还不存在解决该问题的明确路径，但历次讨论也并不是毫无成效。一些主要银行所采用的现金比例，提高了系统稳定性和快捷性。在第九章，白芝浩引用英格兰银行行长魏格林先生的话语进行论证，在 1857 年，伦敦的股份制银行吸纳了 3 000 万英镑存款，并拥有 200 万英镑的现金储备。此时，现金储备与存款之比为 6.6%。最新关于伦敦股份制银行的声明[①]显示，每吸纳 5.65 亿英镑的存款，则需要保持 8 600 万的现金储备，该比例为 15.2%。这个进步是显著的，如果我们确定其他银行都保持同等

① 该声明的时间为 1914 年 4 月底。

的审慎程度，同时伦敦的银行显示的比例是正常的并成为惯例，并且保证数据从某种程度上不是为了信息披露等特殊目的而刻意安排的，那么在这个方面就很难再挑剔什么了。

自 序

这本书花费的写作时间，可能超出读者根据其长度和重要性判断其所应该花费的时间。本书的写作早在 1870 年的秋天之前就已经开始，虽然它的写作过程因为高强度的工作和不佳的健康状况而几经搁置，但是在我有能力的时候，从来没有停止本书的写作。不过，我还是担心这样伴随而来的结果是，至少在某些偶尔的例证中，本书的某个部分不能像有些律师所说的那样“是在同样的时间说出的”。在某一时间很自然使用的数据和案例也许在另一个时间使用并不是最合适的，面对一个生动多变的主题，一本写作进展缓慢的书，也许反而在这个方面更容易达成一致。

我想我不必一定期望这个作品获得高度认可。本书主要涉及四种主体体系——英格兰银行、股份制银行（不同于英格兰银行）、私人银行和票据经纪商，我非常担心对所有主体的描述与其本质完全不符，我只能保证目前呈现出来的观点不是仓促而成或者与事实有差距。相反的，它们都是伴随着伦巴第街的成熟而缓慢成熟起来的，也许，它们总体上并不能让每个人满意，但至少我力求保证自己评论公正性的声誉。

我也应当承认，由于一场疾病的侵袭，我没有完整地修订本书，多亏一位朋友最终帮我完成了校样的修正。若不是这位朋友的善意坚持，这本书的出版可能会被推迟到秋季，正如本书缓慢的写作过程对我的困扰一样。

沃尔特·白芝浩

于温布尔登白杨林

1873 年 4 月 26 日

第一章

引　言

我斗胆将这部作品命名为《伦巴第街》，而不是《金融市场》，或者任何体现金融专业性的名字，因为我希望能将现实表达得更加真实和具体些。大家普遍认为金融市场难以理解，该领域只能用非常抽象的术语进行描述，因此关于金融市场的书也一定是极其难懂的。但是，我坚持认为，金融市场跟其他任何事物一样，既具体又真实，它可以用简单易懂的语言进行描述；如果读者有任何不理解的地方，那一定是作者的失误，是作者的表达不够清晰。当然，我也承认在某些方面我可能确实会较读者处于一个不太公平的优势地位。人们普遍认为金融市场难以理解，其中超过一半的原因来自对《皮尔法案》的有关争议，及一些关于此法案的理论基础的抽象讨论，或假设的法案理论基础。在接下来的章节里，我打算尽可能少地提及 1844 年法案，并且在提及它时，更加专注于它的影响，而不谈该法案本身，即便要谈，也谈它的主要内容。

我有几个理由来支持上述考量：其中之一就是因为 1844 年法案的相关内容均与本书所探讨主题相关性较小，因此本书内容很少涉及该法案。大多数评论家通常的做法是局限于该法案本身，要么对其进行攻击，要么为其辩护，好像这才是事情的本质。该项议会法案存在着大量激烈的争议——至今仍存在大量的争议。我相信，在本书的任何部分，对其只言片语的简单描述远比长篇累牍要有趣得多。在这个问题上，两个阵营的辩论者会追问每位新作者一个同样的问题——你是我们的支持者还是反对者？除此之外，他们几乎不关注别的。当然，如果 1844 年法案真的如公众普遍认识的那样，是英国金融市场的原动力，这种作用既能成为好事的起源，也能演变为恶事的开端，被这种观点刺激出的极端情绪，根本无法成为培养自由观念的沃土。在任何领域耕耘的作者都不应该忽视这一基本事实，不能因遭受他人可能的谩骂而恐惧。但是，据我判断，1844 年法案仅是金融市场中的一个次要问题；对该问题的讨论，常常超出其地位所应该耗费的时间和精力，而与该方案相关的某些现象也被夸大至过分重要的程度，完全超出其本身应有的重要程度。我们不应该忘记自 1844 年以来已经过去了 1/4 个世纪——在该时期，物质资料生产取得了异常瞩目的发展，银行业务也取得了相当惊人的进步。因此，即使上述各种成就与1844年的相关程度极高，而之后由此引发的各种现象（我依然相信，其某些方面的作用是被夸大了的），因为在一个新的世界里出现一些新的现象，这些现象具有发展壮大、不断增强的趋势，这根本算不上什么特殊规律。真正的本质在于：自从1844年伦巴第街发生了翻天覆地的变化，我们就很难对其做出正确的判断，除非从其规模较小、影响力有限的时候进行分析，而当时的金融产业已经是相当具有活力的成熟世界。考虑到这个方面的原因，只有尽可能少地评判，才可能实现对1844年法案更加公平的评判，同时我尽可能保证既不受该法案的影响，又能专注思考“后皮尔法案”的代理机构问题，这样，那些已经接触太多这类被用滥了的题材（这个题材实在太多）的人才不会感到厌烦，只有这样，新知及被忽视的部分才能呈现其原本的真实面貌。

对伦巴第街最简要和最诚实的呈现方式应该是这样的：它是迄今为止，全世界经历过的最伟大的经济实力和经济脆弱性的结合。关于伦巴第街拥有强大的经济实力是毋庸置疑的，每个人都深刻意识到了英国是世界上最富有资金的国度，每个人都承认它拥有比其他任何国家更迅捷的、可自由使用的现金流量和现款。但是很少有人能深刻理解这种现存余额的规模程度——流动贷款资金，该笔资金可以出于任何目的借给任何人。英国的这种能力领先于世界其他任何地方。稍引用几个数据就能证明伦敦贷款资金有多么巨大，及其较其他地区的先进程度。已知存款——通过银行账目公开而得到的银行存款数据如下：

伦敦（1872 年 12 月 31 日）	120 000 000 英镑
巴黎（1873 年 2 月 27 日）	13 000 000 英镑
纽约（1873 年 2 月）	40 000 000 英镑
德意志帝国（1873 年 1 月 31 日）	8 000 000 英镑

未知存款——银行未对其进行账目公开的存款在伦敦的存款规模也远大于上述其他任何城市。伦敦银行家的存款规模是上述其他任何城市存款规模的数倍，换句话说，在大不列颠帝国的存款也是其他任何国家存款规模的数倍。①

当然，这些银行家的存款并不是一个严格意义上的精确衡量金融市场规模的指标。相反，在法国和德国，以及所有没有银行业务的国家，大量的金钱存在于银行体系之外，这是银行业发达的英格兰和苏格兰没有的情形。然而游离于市场之外的现金并不是一般意义上的“金融市场资金”：它们不可获取。除了遇到大的灾难和自己做担保举借大额贷款，否则无法提取出法国民众习惯于储蓄所积累的资金，没有其他任何的生活保障让他们养成了储蓄的习惯，因为他们相信没有其他保障可以依靠。这些私人储蓄无法用于其他用途，那就等于没有储蓄。但是英国的资金是“可借贷的”。英国的民众在处理自身金钱的问题上较其他欧洲国家更加大胆，退一

① 参考附录二中的注释一。

步说，即使他们没有那么大胆，单就他们愿意将钱存入银行这一事实，其产生的作用便更加深远。100 万英镑对银行来说是一种“厉害的力量”，它可以立即将资金出借至任何有资金需求的地方，同时借款人也能够找到它，因为借款人知道或者相信银行拥有这笔资金。但是如果同样数额的资金分散在全国各地，每份只有 1/10 或 1/50，那么这样的资金就没有什么影响力：没有人知道应该去何处寻找资金，也不知道应该跟何人借这笔资金。实现金钱在银行的集中，虽然不是英国金融市场规模远超其他国家的唯一原因，也是主要原因。

伦巴第街的这种影响力可以说是有目共睹的。我们被要求提供贷款，并且我们确实贷出了数额巨大的资金，而要筹集这种量级的资金在其他任何地方都不可能实现。因此流传着这样的说法，任何国家都可以以一定价格从伦巴第街借到钱，可能某些国家的借贷成本低于另一些国家，但是，只要人们出得起价，所有人都能借到钱。也许这种说法有些夸张，但是如果限定为文明的政府（进行这样的限定是有必要的），那么这种说法就一点儿也不夸张了。如果文明的政府可以对是否贷款及贷款数额进行选择的话，这类政府很少不去跟我们进行大量借贷，而且大多数政府会越来越倾向于进行大笔借贷。哪怕某个国家想要修建一条铁路——尤其是一个非常贫穷的国家，这样的国家一定会面临资金短缺的问题，那么这样的政府将会去向拥有银行资金的国家进行借贷。可以肯定的是，英国的银行本身并不是外国政府最大的贷款方，但是它们是借款人最大的债主。它们为外国股票发放差额抵押贷款，就是它们贷出所需资金的 80%，而名义贷款人负责筹集剩余部分。正是因为这种方式，大量的工程通过英国的援助才得以实现，若没有这种资金援助，这些项目就不可能变成现实。

它同样适用于英国企业。我们已经没有了那些有支付能力或者看上去有支付能力的企业会因为资金短缺而流产的概念了，然而对于我们的祖辈而言，这是再熟悉不过的事了，甚至在现在的很多国家仍是一种普遍现象。生活在伊丽莎白女王时期的伦敦市民，可能无法想象我们现代人的思维，他或许认为修建铁路没有用处（如果他无法理解铁路究竟意味着什么），而且也不可能筹集到用于修建铁路的巨额资金。此时，在殖民地和尚未开发的国家，并没有大量的、可被转移的资金，也没有可借贷的资金以支持大量工程建设。将世界作为一个整体考虑，不论现在还是过去——可以肯定的是，在一些贫穷的地方，没有闲余的资金来承担新型和大型的工程建设，但是在大部分富裕的地方，存在的普遍现象是一方面资金过于分散，另一方面资金都攥在有钱人手中，因此当需要为一些新项目筹集大量资金时，这项工作就变得非常难以实现。那么，拥有类似伦巴第街的这种地方就是一种奢侈，因为你不仅可以在非常时期，而且可以在任何时期，利用优质担保或者在提供具有相当良好的预期收益前景的情况下获取借贷资金，之前从来没有哪个国家享受过这种待遇。

虽然对新企业和外国政府发生的这些偶尔贷款是伦巴第街实

力的最有力的证据，但是上述用途绝不是伦巴第街实力的最显著或者最重要的用途。英国的贸易由借入的资金承载，从某种程度上来说，很少有外国人可以理解，更是我们祖先所无法想象的。在每个地区，小型贸易商开始兴起，这些人大量地“为其票据贴现”，从而获取资金，就算他们没有将那些老牌资本家逼上绝路，也足够让他们苦不堪言了。[①] 新兴的贸易商在贸易的过程中显然具有大量优势。如果一个商人拥有 50 000 英镑，为了实现赢利 10% 的目标，他每年需要赚 5 000 英镑，并据此为他经营的商品制定价格。但是如果他人仅有 10 000 英镑，通过票据贴现借入 40 000 英镑（在现代贸易中，这不算极端的例子），他也是拥有 50 000 英镑的可用资本，并可以将他的商品卖得更便宜。如果他的贴现率是 5%，他每年需要支付 2 000 英镑；如果他想跟老牌资本家一样，每年赚 5 000 英镑，那么他在支付应付利息后，每年仍然可以获得 3 000 英镑，用另一种说法解释，即他自己的 10 000 英镑可以赚取 30% 的利润。由于大多数商人都对远低于 30% 的盈利感到满意，那么如果他愿意的话，就完全可以放弃部分利润，降低商品价格，将那些保守的贸易商——那些使用自有资本从事交易的商人——从市场上淘汰。在现代英国商业实践中，通过票据贴现或其他低息贷款的方式而获取一定数量的资金，就可以据此获得一笔稳定的收益，对那些把自己限定在仅使用或者大部分使用自有资本的贸易商而言，无疑是一

① 这些小型的贸易商目前已经被股份制公司所取代。

个持续的打击。

这种英国商业中逐渐增长的民主结构在其他地方并不普遍，毋庸置疑，这种民主结构的效果也是极其复杂的。一方面，它抑制了一些属于商业巨头的伟大家族的长期延续，比如威尼斯和热那亚的那些家族，他们继承了良好的教养和巨额财富，从某种程度上来说，这些人将贵族的品位融入商人的洞察力和热忱中，却被那些肮脏的小人物群体所淘汰。经过一两代，他们开始声色犬马，不问世事。他们依靠雄厚的资本，仅仅能获取微不足道的利润，同时他们并不认为那些利润足以补偿其在商业中遭遇的粗鲁的合作伙伴和无礼行为。照这样下去，将不利于商业道德的维系。在过去经营中积累了声誉的伟大公司，虽然希望将声誉一直传承下去，但将不再会因为使用小的欺诈手段而感到愧疚。他们处于具有交易延续性的生存环境中，欺诈手段会破坏这种延续性。仔细探究英国声誉损坏的原因，就可以发现正是那些自身拥有很少资本，依靠银行票据贴现扶植起来的新兴商人导致的。这些人急于求成，他们生产劣质产品，依靠低廉的价格取得了成功。

但是，这样和那样的商业民主结构缺陷通过一个巨大的优点获得了补偿。确切地说，没有哪个伟大的传统贸易国家，至少没有哪个欧洲国家像英国这样，曾经如此少地“打盹”，没有国家曾经如此迅速地抓住新机遇。那些主要依靠大量的“商业贵族”的国家行动绝不可能如此迅速，它们的商业最终将一步一步滑入循规蹈矩的商业模式。一个拥有大量财富的人，不管多优秀，或多或少总有这样的想法："我有一大笔收入，我得留住。如果一切顺利，我就可以继续拥有这笔财富；但如果事情变了，我的钱可能就没了。"如此一来，他将环境的每次变化都视为"令人讨厌的"，并尽其可能地阻止这些变化。但是，那些善于闯荡世界的人却知道这些变化就是他们的机会，他们时常留意这些变化，因此当形势出现变化时，他们常常能够做到春江水暖鸭先知。英国商业之前的这种粗糙和庸俗的结构正是其爆发旺盛生命力的秘密所在，因为它暗含着"对变化的嗜好"，类似动物王国，这才是社会进步的基本法则。

在这种持续的、长期的借贷活动中，伦巴第街成了最伟大的"中间人"，在安静的资本存贮区域和活跃的资本利用区域之间充当固定经纪人的角色。虽说有关特定的交易会发生在特殊的区域方面的问题很难回答，但是可以确定的是，一旦在某地（可能是任何地方）进行某项交易成为约定俗成的惯例，那么将很难出现一个能够将其取代的新地点——除非第二个地方拥有某些非常巨大的内在优势。商业在其诞生地总是出奇地保守，除非有非同寻常的理由需要进行迁移。除此之外，当然还存在其他原因，比如在英国存在一整片区域，它既不能够利用自己的资金，也不知道该如何使用资金，没有哪个纯农业地区是这样的。一个拥有肥沃土地却没有制造业和贸易的国家，其储蓄远远超过了其可安全贷出的数量。这些储蓄的流转过程是，最先存入当地的银行，然后经由当地银行流转至伦敦，之后贮存于伦敦的银行或者票据经纪商手中。不论发生上述哪种流转情况，其结果都是一样的：一笔来自储蓄地的资金，被工业地区做票据贴现业务。经由萨默塞特郡和汉普郡这些地方的银行进行的资金流转，存款就被伦巴第街的银行和票据经纪商创造出来，并对来自约克郡和兰开夏郡的票据进行贴现，因此伦巴第街成为英格兰两大区域间的永恒代理人：一是快速发展的区域，那里几乎任何数量的资金都可以轻易地得到高效使用；二是稳定的或者处于衰落期的区域，在这样的区域里总是存在大量未被善加利用的资金。

这种配置资金的组织机制非常有用，而且很好调节。政治经济学家认为，资本流向了利润丰富的行业，并能迅速地离开利润单薄或是不赢利的行业。然而，这种状况若发生在普通的国家内，则表现为一个相当缓慢的过程，因为人们只相信亲眼所见的东西，对于一些抽象的事实，会因其不可见而产生怀疑。不过在英国，单从票据经纪商和银行的账簿中，我们就可以观察到这种资本流动表现得尤为显著。在它们的票据柜里，充斥着为最有利可图的行业签发的各种票据，而在并不那么有利可图的行业，签发的票据数量几乎为零。以钢铁贸易为例，若该行业利润不佳，那么更少的钢铁会被出售，销售越少则为其签发的票据就越少，导致的结果就是伦巴第街上关于钢铁贸易的签发票据数量的下降。又如，如果因为收成不佳导致谷物贸易突然有利可图，很快“谷物票据”就会被大量制造出来，如果收成较好，那么伦巴第街上关于谷物票据的供应就大大减少了。因此，英国的资本有着非常明确且及时的流向特质，如同水一样，流通到最适合自己的地方。

这样，在与不那么发达的国家竞争时，这种有效的资本流动机制给我们提供了极大的优势。这里说的不那么发达，是指银行信用不发达。在一个新行业，英国的资本被那些善于发现新机遇并懂得利用机遇的人迅速配置。在一些几乎没钱进行借贷活动的国家，和那些金钱流转速度异常缓慢的国家，贸易商的活动长期受阻，因为他们无法迅速地筹集到资金，没有资金，再出众的知识才能也是枉然。大量交易纷纷涌向英国，虽然这种现象通常并不符合理性的概率分析和哲学家的预言。苏伊士运河就是与此有关的一个不同寻常的例子。所有的预测都认为，苏伊士运河将导致绕好望角前往印度的航线失去意义。此前，所有东方贸易都先进入南欧港口城市，然后向欧洲大陆扩散。伦敦和利物浦成为东印度的商贸中心，在地理范畴上看属于一种不正常的现象，据说苏伊士运河可以改变这个局面。托克维尔曾说："如果有人会利用运河的话，那么将是希腊人、叙利亚人、意大利人、达尔马提亚人和西西里人。"但是，事实恰恰相反，运河的主要利用者是英国人。[①] 被托克维尔提到的那些国家都不具备资金实力去建造大型的螺旋桨蒸汽机船，而仅凭这种蒸汽机船就可以借由运河赢利。虽说很难判断这些貌似可信的预言的对错，但是迄今为止，他们有一点猜想是大错特错的，不是因为英国有钱人多——所有国家都有有钱人，而是因为英国掌握着其他国

① 第 12 版注释。1905 年，载重量达 9 398 374 吨的商务轮船穿过了运河，其中英国占到了 7 224 181 吨。不论怎样，德国的邮轮是最早到达的，相较于英国的 705 890 吨载重量，德国带回了 1 013 645 吨货物。所有使用运河的船只总净载重量为 13 134 105 吨，其中英国占据了 8 356 940 吨。

家所不能比拟的流动资金，这笔钱可以在任何时候帮助那些看到新的巨额利润前景的商人。

这种无意识的“资本组织方式”，不仅使英国同大陆的邻居相比，能够更加迅速地在竞争中抓住新的商业机会，而且也使它易于保留那些逐步稳固下来的交易形式。麦克库洛赫先生，继李嘉图之后，曾经提出过这样的观点，所有的古老国家，都有一种特别的天赋去经营那些需要大量资本的生意。这些国家资本的利息已开始降低，麦克库洛赫谈到，由于必须不断使用低等土地，他们能够以低于所有需要大量资本并保持高盈利的行业的价格出售商品。毫无疑问，这个理论是非常正确的，即使该理论在一系列限制条件下，只能应用于实践中，同时由于古老学院中的政治经济学家没有对这些情况予以足够的重视，其效用也大打折扣。然而，由于英国习惯于使用借贷资金，所以同样的原理能够顺利地在英国应用和实践。如前文所述，拥有少量自有资本和运用大量借贷资金的新商人，可以以更低的价格售卖物品，其参照对象是那些富有的且只依靠自有资本的商人。富人希望在整个交易中得到足额的利润，但是依靠借贷资本的商人只要能弥补利息（可能不到利润率的 1/3）就足够了，结果他们抢走了富人的饭碗。所有关于与英国进行这类新型竞争及其威胁的普通观点均需要与这个问题联系起来加以考量——这些观点在其他某些方面也是有一定见地的。英国为那些以低成本进入商界的新型商人提供了一套特殊机制，而这套机制很可能将确保英国获得商业上的成功，因为目前还没有任何国家能在很短时间内对这一机制实现有效抗衡。

当然，还有其他因素，但若长篇累牍地描绘，不但冗长乏味，而且毫无用处。通过上述分析，主要结论已经十分清晰——英国的商业发展已经成为一种本质上依赖借贷资金的贸易，只有不断完善我们的银行信用体系，我们才能够进一步发展所从事的贸易类型，或实现其发展规模。

然而，这种银行信用体系的风险也与其实力呈正比，如果要说到风险，我想无须多言了，仅仅因为我们对银行比较熟悉，所以我们常常看不到它不可思议的运行本质。大规模的史无前例的信贷资金从世界各地汇集至伦敦，其中大部分都以短期通知存款和活期存款的形式掌握在少数银行和其他金融机构手中，这也意味着，人们可以在他们愿意的任何一天赎回这笔钱，比如在恐慌时期。这样一来，我们的银行系统以及商业体系将会陷入巨大的危机之中。

上述存款也存在一种特有的、异常清晰的属性。自从普法战争[①]以后，我们比以往任何时期更像是欧洲银行。大量外汇以不同的账户和用途被保管于伦敦。当然，在恐慌时期，这笔钱存在被召回的可能性。在 1866 年，我们手中持有外汇量较低，而为应付这一规模较小的外汇召回问题，我们付出了巨大的代价，并遭受了诸多麻烦。今天，一旦我们碰上财力吃紧，同时又要支付超出手中持有数额的资金，情形无疑会变得更加糟糕。

① 普法战争，1870—1871 年，法国与普鲁士王国的战争。战争结果是德国统一，法国的欧洲霸权衰落。——编者注

可能有人会提出这样的观点，虽然我们有大量的即期负债，但是我们现有财力雄厚；虽然我们存在大量需要不定期兑付的资金，但是我们已经留存有大量资金以应对兑付问题。但是，事实恰恰相反，目前没有任何一个国家，并且也从未出现过这样的国家，像今天英国这样维持如此低的现金储备与银行存款比率。[①]距离仅依靠自己手里持有现金的时代已经很遥远了，当任何一名旁观者意识到这么小的一笔钱背后却有如此大的信用，他也会不寒而栗。

再或许，有人认为我们不需要对自己信用系统的量级或者完善的问题担心，因为我们已经积累了一些控制它的经验，同时我们的经营处于审慎的管理之下，但是我们并不保证总能实现审慎的管理，有关奥弗伦 – 格尼公司的倒闭事件，是一个令人震惊的反面案例。十年前，在伦敦，有一处挨着英格兰银行的公司，这家公司在国外声名远扬——或者说比其他任何当地的英国公司都更加有名。合伙人拥有大量不动产，并几乎都投入了商业中，同时他们也从中获取了巨额收入。然而仅在六年的时间内，他们就丧失了所有财富，将业务卖给了公司，并且失去了公司大部分资本。这些损失都是由一系列鲁莽及愚蠢的行为造成的，人们可能会认为即使一个孩子在伦敦进行放贷都会做得比他们好。[②]读完这个例子，我们就不能过于信赖长期建立起来的信用，以及那些根深蒂固的商业传统。

---

① 参考附录一中的注释 A。

② 近期有很多令人吃惊的草率的例子，发生在一些大公司身上，比如巴林兄弟及穆列塔公司的倒闭。

我们必须检视这个操作大额资金的信用体系，以确保资金使用得安全并且正确。

但是，要唤醒商人这种意识显然并不容易。当商业浪潮在他们面前涌动时，他们带着金钱奋力追逐，根本不想知道这笔资金究竟要去向何处。即使是著名的奥弗伦–格尼公司的倒闭事件，在恐慌过后也很快被人们遗忘了。大多数商人都认为："无论如何，这一信用体系总能持续下去，它都已经运行了这么长的时间，相信还会继续这样运行下去。"然而事实是，它并没有持续多长时间，在一个地方或者少量人手中，聚集起如此巨额的资金，这还是一种全新的模式。在 1844 年，伦敦四大股份制银行的负债是 10 637 000 英镑，目前这个数字已经超过 60 000 000 英镑。[①] 英格兰银行吸纳的私人存款那时是 9 000 000 英镑，现在已是 18 000 000 英镑。这些私人银行存款业务在 1844 年遍布全国，而现在这类规模的大量存款业务仅存一小部分。因此，我们不能仅凭经验来判断现在的银行信用体系是安全的，因为现在信用体系的量级是全新的。显然，一个适合管理数百万资金的信用体系，在管理数千万资金时，可能就变得相当不适合。因此，当伦巴第街取得了如此迅速、空前的成长后，这种伴随伦巴第街成长的银行信用体系也要面临巨大的挑战。

这并非是我杞人忧天。虽然我相信我们的信用体系是罕见且独

---

① 参考附录二中的注释二。伦敦和其他股份制银行的区别已经成为过去，请看下面的现代类比：1913 年 12 月 31 日英国银行累计存款（不包括英格兰银行）为 809 351 700 英镑，英格兰银行的私人存款为 61 087 100 英镑。

特的，但仍不乏安全运行的可能，如果我们希望做得更好，就必须进行学习。当我们遭遇困难时，我们不能想当然地认为困难很容易被克服，或是当我们处于一个人为形成的状态时，我们却想当然地认为那是一个自然形成的状态。金钱并不具备自我管理的特性，而在伦巴第街上，就有一大笔钱需要我们进行管理。

第二章

伦巴第街概貌

一

在伦巴第街，围绕金钱世界的是英格兰银行、私人银行、股份制银行以及票据经纪商。在进一步说明它们之前，我们首先要看看它们有什么共同点，以及彼此有什么联系。

李嘉图认为："银行家独特的职能始于其使用他人钱财。"只要使用的是自己的钱财，他顶多只是个自有资本经营者。于是，伦巴第街上的所有银行拥有大量来自他人流水账户和存款的金钱（那些持有同样目的的票据经纪商也算银行的一种）。在欧洲大陆人眼里，伦巴第街相当于信用中介机构，那么，让我们来观察一下这种类型的信用中介是好是坏，还是好坏参半，它有哪些优点，又有哪些缺点。

区分不同信用系统的关键在于其“稳健性”。信用意味着一定的信心和一定程度的信任。这样的授信合理吗？这种授信明智吗？这都是基本的问题。简单来说，信用是一系列的支付承诺，这些承诺会被遵守吗？尤其在银行业，负债——换句话说，付款承诺——如此之大，而付款期又如此之短，那么是否具备迅速处理好债务的能力就是问题的关键。

银行支付给债权人的是该国供应充足的法定货币，不论该法定货币是什么。不同的国家有不同的法定货币制度，但就银行的主要目的而言，这些法定货币制度并不重要。一个好的货币制度对国家有利，反之对国家不利。间接地，银行也会受到这种制度或好或坏的影响。但是，在日常经营中，银行无须思考，也从来没有特意去考虑过通货方面的理论。它们看待这个问题很简单：“我有多少应付账款？我还有多少头寸？或者我需要调取多少头寸？”以美国为例，银行只要持有美钞就足够了，虽然其价值随着政府政策变动发生波动（升值或贬值）。[①] 但是，一个具有实操经验的纽约银行家根本不需要考虑这种制度的好坏，他仅需要持有足够的美钞用于支付即可，这样他就可以规避风险，保持合理稳健。

① 第 12 版注解。白芝浩先生研究的时期早于 1879 年美国恢复硬币支付的时间。从那时起，就不存在美钞价值波动的问题。

按照英国的法律，法定货币是金、银币（后者占比很小）和英格兰银行票据。但是我们可流通的银行票据数量不同于依赖国家意志的美钞，我们要受限于1844年法案条款。该法案将英格兰银行一分为二，发行部仅发行货币，并且仅能发行1 500万英镑，还需要以政府证券作为担保。[①] 超额部分必须以黄金储备作为担保。以一个账户为例，该账户的事发生在1869年最后一周，是之前这些年的平均余额：

账目依据《维多利亚法案》第32章第七、八两项，截至1869年12月29日（星期三）。

发行部门

发行货币	33 288 640英镑	政府债务	11 015 100英镑
		其他证券	3 984 900英镑
		金币和金条	18 288 640英镑
		银条	—
合计	33 288 640英镑		33 288 640英镑

英格兰银行发行货币

① 这是在写作期间政府货币发行的限额。根据1844年银行法案，银行被授权发行14 000 000英镑的货币。更进一步，如果哪家英国货币发行银行终止它们的发行权利，那么英格兰银行将被授予提高货币发行的权利，达到终止发行的三分之二的数量。自从1844年，英格兰银行通过连续的枢密令授权，可以提高货币发行权至4 450 000英镑的额度。

1844 年法案授权		14 000 000 英镑
枢密令	1855.12	475 000 英镑
	1861.06	175 000 英镑
	1866.02	350 000 英镑
	1881.04	750 000 英镑
	1887.09	450 000 英镑
	1890.02	250 000 英镑
	1894.01	350 000 英镑
	1900.03	975 000 英镑
	1902.04	400 000 英镑
	1903.04	275 000 英镑
合计		18 450 000 英镑

直到 1903 年，银行才开始利用自身的规模优势增加信用发行，也是从那时起，地方性股份制银行发行规模从 1 183 426 英镑缩减为 94 421 英镑，私人银行的发行规模从 767 788 英镑减少到 334 615 英镑，同时，授权英格兰银行发行的货币并未增长。

英格兰银行在 1913 年 12 月 31 日最后一周的收益为：

银行业务部门

股本	14 553 000 英镑	政府证券	13 811 953 英镑
其他	3 103 301 英镑	其他证券	19 781 988 英镑

（续表）

公共存款，包含国库、银行储蓄、地方及国家债务、累计红利	8 585 215 英镑	货币	10 389 690 英镑
其他存款	18 204 607 英镑	金银币	907 982 英镑
七天及其他票据	445 490 英镑		
合计	44 891 613 英镑	合计	44 891 613 英镑

总出纳，杰奥·福布斯

1869 年 12 月 30 日

发行部门

货币发行	52 324 535 英镑	政府债务	11 015 100 英镑
		其他证券	7 434 900 英镑
		金币和金条	33 874 535 英镑
合计	52 324 535 英镑	合计	52 324 535 英镑

银行业务部门

股本	14 553 000 英镑	政府证券	13 199 062 英镑
其他	3 252 192 英镑	其他证券	52 137 739 英镑
公共存款	10 256 489 英镑	货币	22 716 900 英镑
其他存款	61 087 066 英镑	金银币	1 108 614 英镑
七天及其他票据	13 568 英镑		
合计	89 162 315 英镑	合计	89 162 315 英镑

总出纳，J. G. 奈恩

1914 年 1 月 1 日

另外还通过证券做担保发行了 15 000 000 英镑的银行票据，18 288 640 英镑是以金银做担保。英格兰银行没有法定权力增发货币。它持有法定的证券数量，超额部分必须以金银做担保，这是一个“硬性”制度——对于这一硬性制度，反对者认为会毁掉我们，但支持者认为它是我们的救星。对此，我不置可否。我的关注点在于我们的纸币（“法定货币”），以及我们的银行票据，只能通过这种方式获得。因此，如果一家英国银行持有一定数量的英格兰银行票据或铸币作为同其负债保持一定比例的平衡，它就拥有了足够数量的本国法定货币，而无须再考虑其他。

但这里必须要做一个区分。严格来说，这种准备金不包括银行用于维持日常运营的资金。这种用于银行日常运营所需的资金，就像银行的办公柜台或办公用品。不论怎么说，我们必须仔细弄明白准备金和现金的区别，放在抽屉里应对日常需求的是现金，而银行持有的以应对临时的和突发需求的特殊储备是准备金。

那么，银行持有的准备金数额是根据其负债额确定的吗？答案值得注意，这是我们整个银行信用的关键。普遍的观点认为在伦敦或外地，除了英格兰银行的银行业务部门，没有银行持有任何一笔数额巨大的资金（超出日常业务需求）。[①] 英格兰银行业务部门在

---

① 近些年，一些伦敦的大型银行开始建立自己的黄金储备，但是它们的资产负债表却有一处例外，并不公布手中那笔独立于英格兰银行资产负债表的现金部分。英国联合史密斯银行 1913 年 12 月 31 日的资产负债表表明手中的“现金”有 3 376 189 英镑，“在英格兰银行的现金为 3 086 620 英镑”。一些伦敦的银行家支持公布这些独立储备的累计数额，并且认为早就应该这么做了。

1869年12月29日的负债如下：

对公存款	8 585 000 英镑
个人存款	18 205 000 英镑
七天和其他票据	445 000 英镑
总计	27 235 000 英镑

此外还有11 297 000英镑的现金存款。[①] 我们必须记住，这是依据法律，英格兰银行的银行业务部门所拥有的全部现金储备，它不能增加或者制造比其他银行更多的票据数量。在那一天（1869年12月29日），英格兰银行只有11 297 000英镑的备用现金，而负债几乎是其3倍。虽然它还拥有“统一公债”（英国于1751年开始发行的长期债券）可以出售，能增加银行票据的供给——马上就要讨论这些债券与真实现金的关系；但是英格兰银行——银行的银行——为承担这一目标而持有的真实现金在那时就只能有这么多。

如果我们和其他银行相比较，会认为英格兰银行的现金储备是很大一笔资金。除了保证日常运营所需，其他银行都不持有额外现金，而将其以存款形式存放在英格兰银行。这是迄今为止它们存

① 在1913年12月31日，英格兰银行的负债为：

对公存款	10 256 500 英镑
个人存款	61 087 100 英镑
七天和其他票据	13 600 英镑
总计	71 357 200 英镑
储备额	23 825 500 英镑

放准备金最简单和最安全的地方。英格兰银行也因此有责任保管好它。就如同个人需要将钱存入银行，银行也需要将它们的准备金存放进一个它们认为安全的银行。毕竟，保管一大笔钱既费心，又需要一定成本，谁都希望将这桩吃力不讨好的事交给其他人来做。相应地，伦敦的其他银行就对英格兰银行非常有信心，委托其保管自己的准备金。

伦敦的票据经纪商也跟这差不多，他们可以说是一类特殊的银行家，为每笔存款逐日计息，同时为它们提供担保。但是，我们目前不关心这些细节上的差异，票据经纪商贷出它们大部分金钱，把剩余的部分或存入英格兰银行或交给其他的伦敦银行。那些伦敦银行选择一部分资金出借，剩余部分存入英格兰银行。你会发现，最后这些资金总会存到英格兰银行。

将巨额资金都放入一个篮子交给同一家银行保管，虽然省心，但会增加风险。如果受委托银行倒闭，它们很容易就失去了那笔存款。对其他银行而言，如果英格兰银行倒闭，它们也要面临破产。它们依赖于英格兰银行在自己遭遇困境和面临危机时，拿出它们存放的准备金度过困难，无疑这会出现相当大的风险。《皮尔法案》三次被暂停实施，就是因为英格兰银行业务部门的准备金几乎为零。在该法案废除前，英格兰银行的准备金头寸分别为：

1847 年，1 994 000 英镑；1857 年，1 462 000 英镑；

1866 年，3 000 000 英镑。

事实上，如果不废除该法案，英格兰银行的业务部门在那些困难时期将无法幸存。

不要想当然地认为这种危险不存在，是假的，或者是由法律导致的。这种想法是很危险的，因为你会认为可以通过废除法律克服危机，但事实上在《皮尔法案》颁布以前，就有过类似的危机。1825 年，在当时还只有铸币是法定货币，英格兰银行也还只有一个部门的时候，英格兰银行的现金储备降低至 1 027 000 英镑，差一点到了无法偿付的地步。

不过，这种现金储备方式对存款银行而言，其所构成的风险后果还不是唯一或者主要的。最主要的影响是，这种因应负债比例而存放的准备金远远小于按其他方式计量所需要的准备金数额。伦敦银行存放在英格兰银行的准备金，总要被英格兰银行作为放贷资金贷出。假设，英格兰银行持有相当于其负债 2/5 的现金，即其贷出额为存款的 3/5，只留下了 2/5 作为准备金换句话说，如果银行累计存款储备为 5 000 000 英镑，其中 3 000 000 英镑将会被银行业务部门贷出，剩下的 2 000 000 英镑就是银行存放在英格兰银行的备用金。结果这 2 000 000 英镑就是存款银行持有的可偿还负债的全部额度。如果伦巴第街突然陷入清算状态，并且需要立即兑付给债权银行，那么 2 000 000 英镑将是英格兰银行能提供给存款银行的全部，也是存款银行能够支付给存款储户的全部额度。

我们可以看到，英格兰银行所持有的现金储备——目前每年平均是10 000 000英镑[①]，而原来则更少——是伦巴第街应对负债的全部储备；如果是这样，我们可能会对我们信用系统的长足进步非常吃惊——说得直接点，是对我们所要支付的巨额债务和所能给付的现金存款之间的巨大缺口感到吃惊。更有甚者，伦巴第街不仅是一个要求留存储备的地方，它本身也是一个资金储备池。其他地方性银行都把资金储备在伦敦，而保留维持本地区日常运营所需要的现金额度。它们凭借长期的经验，知道留存多大资金规模合适，它们不会浪费资金的时间价值，让闲置资金遭受利润损失。它们把钱运往伦敦，一部分投资证券，其余的存放在伦敦的银行或者票据经纪行。苏格兰和爱尔兰银行家也大抵相似，他们将闲置资金存放在伦敦，并且一样进行投资。因此，存放在英格兰银行的银行业务部门的资金储备不仅包括英格兰银行的，也包括整个伦敦的——不仅是整个伦敦的，也包括英格兰、爱尔兰和苏格兰的。

近期，我们的负债有进一步增长的趋势。自从普法战争以来，据说我们也开始保管欧洲储备。欧洲大陆的存款银行业确实规模还

---

① 自此以后，需要维持更大一笔储备。从 1870 年以来，每五年的平均储备如下：
1871—1875 年，12 200 000 英镑；
1876—1880 年，14 722 000 英镑；
1881—1885 年，13 275 000 英镑；
1886—1890 年，13 015 000 英镑；
1891—1895 年，20 801 000 英镑；
1896—1900 年，25 073 000 英镑；
1901—1905 年，24 375 000 英镑；
1906—1910 年，25 625 000 英镑。

非常小，因此账户上不需要保留多少准备金，以至于英格兰和苏格兰需要同样规模的储备，国外并不需要。但是，那些大型团体有时还是会进行大额现金支付，因此还是需要有个地方为这类现金需求进行大量的储备。以前，在欧洲有两家这样的储备机构：一家是法兰西银行，另一家是英格兰银行。但是自从法兰西银行暂停铸币兑付以来，其作为铸币储备的功能就终结了。没人可以在它那里开立支票，并保证据此可以提取黄金或白银。于是，进行国际支付现金的责任就整个儿落到了英格兰银行的头上。[①] 毫无疑问，外国人不能白白从我们这里取走我们的钱，他们必须给我们提供某种"等价"的货币形式。不过，他们不需要提供"现金"，只需要用优质票据在伦巴第街贴现，然后提取相当于票据价值的现金即可。换句话说，所有的外汇业务越来越向伦敦集中。以前，基于某种需要，巴黎是欧洲的清算中心，但现在它已经停止了这种职能。法兰西银行发行的货币虽然没有贬值到将引起日常交易混乱的地步，但是它的任何贬值，无论多小，即使最终未形成事实性贬值，也已经足以使外汇交易产生混乱。要知道外汇交易计算得极其精细，哪怕

---

① 法兰西银行于 1878 年 1 月 1 日恢复了铸币兑付业务，从那时起，法国的货币才不再遭受任何的贬值，可动用黄金储备也在欧洲排名第三——德意志帝国银行曾经排在这个位置。不论是巴黎还是柏林的储备都不能与英格兰银行的可动用储备数额同日而语，因为法兰西银行选择权的运用体现在银币兑付上，同时德意志银行偶尔会发生黄金兑付困难，虽然不是完全拒绝，但还是有兑付障碍。现在（1914 年 5 月），俄国银行持有 158 000 000 英镑的黄金储备，但是它的保护措施太严格，以至于不能实现国际兑付，拥有 52 000 000 英镑黄金储备的奥匈帝国银行也是如此。

极小的变动都能使盈利变为亏损。于是，伦敦成为欧洲唯一的大型外汇交易清算中心，再也不是之前法兰西银行和英格兰银行分庭抗礼了。伦敦的这一优势可能将继续下去，因为这是个自然形成的过程。伦敦开出的商业票据，其数量远远超出欧洲其他任何城市开具的数量，它收到和支出的票据规模也远超其他任何地方，因此自然形成了一个“票据交易所”。而巴黎的优势部分是由于政治权力的分配，如今它已遭到了破坏，而伦敦在这方面得益于商业的自发发展，因而异常稳定，并在短期内很难改变。

既然伦敦目前已经成为外国的票据交易中心，那么它对这些国家就产生了新的责任。无论在什么地方，许多人总会有兑付需求，那么在这些地方人们就必须持有资金。在伦敦，这笔巨额外汇存款已经成为开展国际商务的必要条件。一笔从法国经伦敦到德国的兑付资金，其数额可能就不同寻常地大，当然通常来讲，这种资金数额都是非常大的，不足为奇。目前的政治环境无疑将很快发生改变，我们在伦巴第街持有的来自外国政府的资金将要减少。但是，我们将持有越来越多的个人资金，因为随着商业活动的扩张，为贸易结算所持有的存款数量必然增长。

显然，这些外国存款有其微妙和特殊的地方。它的存放数额依赖于在外国人中的口碑，而这种口碑可能会下降或者转变为不良评价。在经过 1866 年的恐慌后，尤其在《皮尔法案》被废除以后（当时许多外国人因为暂停现金兑付而产生恐慌），一大笔外国资金从伦敦流出。据此，我们可以合理地假设，外国人在伦敦的存款增多，那么这些资金从英国“撤离”的可能性和由此引发的灾难也会增加。

如果这种撤离发生，为满足这种需求，就需要从银行提取准备金。然而在地方银行，它没有如此巨量的储备。那些大汇兑商可能自己会储备一部分，但和应付额度相比显然是杯水车薪。如果一个外国债权人能足够宽容地等待，待银行补足了准备金，他完全可以获得兑付，而不需要打扰银行或者令金融市场受到冲击了。德国政府最近就表现得很宽容，它一点儿都不担心。但是，如果是那些债权人受到惊吓，他们就不会耐心等待了，他们一定会去找英格兰银行。

结果是，我们信用体系的安全都依赖于英格兰银行。而这家股份制公司董事们的智慧，决定了英格兰银行是否具有偿付能力。这看起来似乎很稳健，其实不然。毕竟，所有的银行都依赖英格兰银行，而所有的商人又都依赖这些银行。如果一个商人将 10 000 英镑存放在他的银行账户里，并且希望用于支付德国的某个人，他如果要确保这笔支付能够成功，就要保证他存放资金的银行可以先兑付给他，如果英格兰银行处于困难时期而不能动用准备金，那么这家银行也就不能够兑付给这名商人，最终商人也不能对那名德国人履行支付。

因此，英格兰银行的董事们，即便名义上不是，在事实上也是替公众保管这笔准备金的受托人，自然也被寄望于其对自身职责有清楚的认知，并能履行这种职责。要么就是他们存在强烈的私欲而不愿做出这种承诺。就英格兰银行董事们履行这项职责而言，他们非但不曾做出明确的承诺，而且他们中的大多数人都不承认这个身份，甚至有些人会完全否定它。汉基先生，一位非常谨慎和富有卓越经验的银行董事，在他的一本关于英格兰银行的书（最好的描述英格兰银行实务与运营的书）里声称："在这里我并不打算介入任何关于银行一般性管理的话题，主要是指英格兰银行的银行业务部门，因为据我所知，在业务运营管理上，伦敦任何一家管理良好的银行都是一样的。"但是，根据人们看到的那些公开的数据，英格兰银行的银行业务部门保持着 30%~50% 以银行票据储备和铸币为形式的准备金，而其他银行仅持有维持其经营所需的最少数额的银行票据和铸币。而这种差异，几乎不会发生变化，因为这是基于二者职能定位上的不同所形成的不同的管理原则。

众所周知，英格兰银行的运营取得了巨大的进步。它的管理不同于伦巴第街上其他的银行，它持有着完全不同的储备类型和数量。虽然管理实践得到了改进，但是理论还没有同步发展。英格兰银行的董事们从来没有通过一个清晰的解决方案，并由他们传递至公众，哪怕是以最普通的方式，比如他们打算持有多少储备，或者不打算持有多少储备，以及在这一重要问题上，他们遵循什么样的准则。

英格兰银行董事的地位无疑是最独特的。一方面，城市的舆论力量，也可以说是全国的舆论力量，已经让民众在众多的恐慌中吸取了很多经验教训——要求董事们维持大量储备。代表国民利益的媒体就经常警告董事们要保持足额储备，并监督其是否如此执行。但是另一方面，一些无形但持续存在的压力又让他们做出背道而驰的行为，使其倾向于减少储备。

作为董事，自然希望为股东分配更多的红利。在其他条件不变的情况下，闲置资金越多，红利就越少；反之，若闲置资金越少，红利就越多。几乎英格兰银行举行的每一次股东大会都有这方面的讨论。一些股东声称，他们不知道为什么有如此多的资金是闲置的，并暗示应该分配更多的红利。

当然，英格兰银行的股东对自己的利益不满意也不足为奇。他们拥有这座城市最古老的银行，但是这些银行的利润却并没有增长，同时其他银行的利润大多都在迅速增长。在 1844 年，英格兰银行股票的每股收益率为 7%，股票价格为 212 美元；现在每股收益率为 9%，股价为 232 美元。但是在同期，伦敦威斯敏斯特银行的股份，虽然相对资本增发了 100%，但其股价从 27 美元涨到 66 美元，每股收益率从 6% 增加至 20%。[①] 英格兰银行的董事不希望看到其他公司变得越来越富有，那是再自然不过的事情了。

英格兰银行每股收益率较低及因此导致该行较低的资本所得一部分原因无疑是因为该行的资本量级，但是主要原因却是由于数

---

① 英格兰银行的股息公布于 1914 年 4 月，考虑半年报结束于 2 月 28 日，每股收益率为 10%，扣除每年收益所得税后大概为 9%。自 1904 年以来，每半年的收益所得税被免除。在 1914 年 4 月底，英格兰银行的股价是 249.5 美元。伦敦威斯敏斯特银行的每股收益率为 21.25%，20 英镑里含 5 英镑资本所得税，报价为 21.75 美元。

额巨大的闲置资金——那些不能产生利息收益的现金。如果我们比较一下伦敦威斯敏斯特银行——在公众印象中，这是最早的一家股份制银行，以审慎经营而闻名——和英格兰银行，我们马上就可以看到差异。伦敦威斯敏斯特银行只有相当于负债 13% 的闲置资金，而英格兰银行超过了 40%。[①] 二者经营方面的巨大差异自然会导致收益上的巨大差异。不可避免地，英格兰银行的股东们将或多或少地催促英格兰银行的董事尽可能多地降低无收益储备，从而增加他们自己的红利分配。

对大多数银行来说，都有一种储备减少而产生的恐惧，所以它们抑制股东降低储备的想法对银行是有益的，它们担心那会损害银行的信用。但是，对银行的股东而言，无论是幸运还是不幸，没有人对英格兰银行的运营安全存在任何担心。至少在英语语言世界里，人们相信它不会倒闭，也不能倒闭。然而，自 1844 年以来，英格兰银行的银行业务部门已经获得了三次救助，否则英格兰银行就破产了。1825 年，几乎人人都担心英格兰银行要停止兑付；其实早在 1797 年，英格兰银行就有过一次停止兑付的经历。但是，人们依然罔顾事实与经验，依然对英格兰银行抱持期望。毫无疑问，那些年，英格兰银行不论是合并还是被拆分，都处于相对稳健的状

① 自此以后，伦敦的股份制银行显著地增加了它们的现金储备。在 1890 年 6 月 30 日，伦敦威斯敏斯特银行公布的储备与负债比为 12.6%；1905 年 12 月 31 日，该指标达到了 14%；1913 年 12 月 31 日，这一指标又增长至 15.6%。而在稍晚些时间，英格兰银行的储备与负债比为 33.375%，但是在当年最后一天，这一比率远低于全年 49.7% 的平均水平。

态。最终，它付清了对债权人欠下的债务，同时向股东归还了全部股本。当然，不是按照债权人所希望的方式予以支付的：债权人期望立即支付而不是延期支付；希望按照当初协议约定进行偿清，如果他们不能及时获得承兑，就很可能会破产。多年来，我一直强调的这种立即支付，英格兰银行从未实现过。饶是如此，在伦敦从未有人质疑过英格兰银行的信用，而英格兰银行也从未想过其自身信用会处于危险之中。不知为何，每个人都认为英格兰银行不会有问题。1797 年，当它的资本所剩无几时，政府非但认为它不需要付清余债，而且声称它根本不必去清偿。这种“特许效应”破坏了《皮尔法案》确定的普遍共识，即政府为英格兰银行背书，并且在其需要时提供救助。所以，无论是英格兰银行，还是它的银行业务部门均没有“被清算”的概念，即便是英国政府破产了。

从那以后，作为一家获得政府担保的银行，英格兰银行从管理其他银行巨额准备金的长期恐慌（失去信用的恐慌）中摆脱出来，而银行的经理人也似乎对维持储备特别感兴趣，并具备特别的能力胜任这一保管任务。毋庸赘言，银行董事的个人财富与银行在经营上的好坏也没有多大的利害关系。他们是伦敦的富商，他们在英格兰银行投入的股本乃至由此产生的股本收益与其他财富相较而言根本微不足道。就算银行面临清算，他们绝大多数人也不会感觉到收入方面的显著变动。而且，这些银行董事也不是训练有素的银行家，银行交易也不是他们的主要业务来源。一般情况下，他们不会在这个方面进行过多的思考，他们是商人，占用他们大多数时间和精力的是他们自己的生意，这样可以赚取更多的财富。

一般认为，这项重要的公众职责委托给了英格兰银行的银行业务部门，而由政府（如果不是议会的话）责成这些董事履行职责。但是，议会并没有做出什么指示，也没有任何一位有影响力的政治家对此有过只言片语的言论。相反地，倒是从罗伯特·皮尔爵士到罗尔先生[①]等诸多权威人士认为英格兰银行的银行业务部门与其他银行一样仅仅是一家银行，或者说跟其他公司一样是一家公司，在这一点上，它不具有特殊之处，也没有任何公共职责可履行。而且，十之八九的英国政治家，在被问及英格兰银行的银行业务部门的管理时，会答复说这不关他们的事，或者与议会无关，而是银行业务部门自己要留心的事。

结果是，我们将银行储备的监管权全权委托给了银行董事会，但这些董事会成员却没有受过有关这一职责的训练，他们是“业余人员”，既对关于不应减少储备方面的舆论漠不关心，也认为自己没有维持储备不降低的义务，他们从未被任何政客或者当局告知必须履行保管储备金的义务，或者利用储备金做什么。他们被称作代理人，若储备金降低，他们就能坐拥资本收益，即便储备消耗殆尽，他们也不会感到恐惧，或者是担心破产。

很显然，这样的制度安排是很奇怪的，但是也只有当我们了解了一个国家银行储备的监管意味着什么，以及它本身的微妙和困难

① 公众一致认为需要承认英格兰银行在银行业务部门方面的特殊职责。

之处后，才能更好地理解这种奇怪。

二

储备金无非是为了满足紧急和突发、意外的需求。如果一国的银行所需的资金远超它的日常数额，就必须动用这些储备金。那么，会出现什么样的超额需求呢？这部分超额需求又被用来做什么呢？宽泛地说，储备金有两个用途：为满足外国债务的支付需要，以及应对来自国内的以理性或非理性方式出现的恐慌。

没有任何一个国家像英国这样用自己的银行储备去满足外国需求，不仅在于目前英国是外国的大额债务人，也因为没有任何一个国家曾有过如此量级的对外贸易规模，有如此多的贸易品种，或者说形成了一个遍布世界的贸易网络。通常来说，一国的对外贸易不需要现金，出口就完全可以实现进口的冲抵，以实现收支平衡。但是，对于一些意外的进口贸易——比如灾荒之后的对外进口谷物，或者（虽然不常见，但也存在这种可能性）任何一笔大宗商品出口的中止——而出现的收支平衡缺口，那么就必须用到现金支付。

现在，在银行业务发达的国家，唯一能够提取的大额资金的渠道来源，就是"银行储备"。尤其在英国，除了黄金交易商在他们交易的过程中持有的不值得考虑的非常小的一部分现金储备，在银行系统外，已经没有值得一提的现金了。一个普通人如果不去银行借款，即使他花费一大把时间，最后也会一无所获。所有想要以现金支付一大笔金额的人，都必须通过银行储备这个渠道。那么，什么是“现金”？在境内，它是政府就能决定的通货数量与价值；但是一旦超过了国境，政府就无能为力了。黄金就成了国际贸易的“现金”，纸币将不值一文，就是铸币也因其含有的黄金量才得以流通。

当一个国家的法定货币全部是金属铸币时，银行必须维持该“法定货币”的充足储备。但是，如果这种“法定货币”一部分是金属铸币，一部分是纸币，那么纸制的“法定货币”——银行券——应该能够被兑换成黄金。如果我要讨论这种货币的兑换条件，现在我可能就要跳过给自己设定的限制，涉及《皮尔法案》的理论领域。我仅考虑有效对外支付的先决条件——供应充足的本国法定货币，我不考虑在此之后本国法定货币变为普遍接受的商品的阶段。

在现阶段，我考虑的主要是充足性。如果法定货币可流通使用，那么英格兰银行为了应对对外支付就必须维持一定的“法定货币”储备，否则就要先用“法定货币”兑换黄金，然后用于支付。有时，对外支付不仅数额巨大，还经常很突然。引起美元流失的所谓“棉花事件”（在美国内战期间，美元流向东方用于购买印度的棉花）持续多年，让美国流失了数百万美元。或者，一次农业歉收也会导致一年内数百万英镑的巨大损失。为了筹措这笔巨额资金，英格兰银行就需要持续使用一种有效的手段。

这种手段就是提高利率水平。如果资金的利率提高了，不论是从实践，还是从理论上来看，资金都会流入伦巴第街。为了更加全面地解释这个问题，我必须深入阐述外汇理论，不过一般性概念就足可表述清楚了。可贷资本，与其他商品一样，会流动到最需要它们的地方。一旦利率水平表现出放贷可以赢利的时候，欧洲大陆及其他地方的银行就会将大笔资金存放到伦巴第街，以赚取利润。当英国的信用良好时，伦巴第街上资金价格的上涨将很快通过银行业务将资金带到伦巴第街。另外，也存在一个见效较慢的方式让资金流动到伦巴第街，那就是商业运营的方式。贴现率的上升将会迅速作用于国家的贸易。价格降低，导致进口减少，出口增加，相比利率较低的往年，黄金回流国内的可能性就会增加。

不论是一家银行或者多家银行，无论哪个国家持有之前哪个国家的银行储备，在一个不利的外汇情况初露端倪时，应该立即提高利率，目的是避免它们的储备减少更多，同时通过输入黄金来进行补充。

一直到1860年，英格兰银行都没有履行过这样的职责，这一点我将会进一步深入阐述。我们几乎找不到任何比英格兰银行在1819年（当时英格兰银行重新开始以现金支付，此时可以称为现代金融市场的开端）到1857年间为努力维持资金储备以及阻止外汇外流再痛苦的历史情形了。不得不说，当年头一次遇到的恐慌让英格兰银行的董事们变聪明了，让他们转变为稳健原则。现在的银行政策相较1857年以前取得了极大的进步，不过对这两者仍然不能产生片刻的混淆。毕竟，正如我即将呈现的，现在的政策仍然存在很大缺陷，在政策变为它应有的样子前，仍然需要大量的讨论和努力。

相比较而言，国内的资金短缺就完全不同了。它可能始于处理起来难度更大的国内信用的扰动，并因资金的外流而被增强。公众多次产生恐慌，是因为他们看到银行的储备已经处于很低水平了，并逐日降低。这两种弊病——国内资金短缺和资金外流的存在经常会立即造成对金融市场的冲击。如此一来，计将安出？

与常规处理方式不同，对于监管银行储备以应对内部信用丧失造成的资金外流的某家银行或者多家银行来说，最好的方式是让贷款保持自由，这与每个人最初的反应恰巧相反。一般看来，为了应对一笔资金的赎回，你需要存一笔钱，最显著的方式就是多进少出。但是，每家银行都知道，这不是应对信用降低的方式。为了有效应对“你没钱”的社会舆论，你必须表现出你有钱，并以代表公众利益的方式利用资金，以便让公众知道你确实拥有资金。要知道，单纯为了节约和积累的时代已经过去了。一个优秀的银行家要在平时积累储备，特殊时期动用储备。

一般来说，信用丧失起初不会发生在任何一家银行，最初也很少集中于银行或者持有基本现金储备的银行。上述银行大多具有坚实的信用基础，它们不会处于信用丧失的状况，由于拥有储备，它们也比其他机构更加稳健，至少看起来稳健。在恐慌产生之初，总存在一些暧昧的讨论：A 跟它过去一样好吗？ B 没有损失金钱吗？等等等等。结果，有一百个人谈论该问题，就有一千个银行在想：

“我是否正被人谈论？或者我没有被人谈论？”“我的信用是否像过去一样良好，或者现在变差了？”每天，随着恐慌的蔓延，这种表面的怀疑变得更加强烈，并被广泛扩散；它侵袭着更多人，并且比最初的影响更大。所有有经验的人，在恐慌出现之初，会采取“保护”措施，让自己免于灾难，他们会尽可能多地借钱，找到自己的委托银行，要求它们提前几天或几个星期贴现他们的票据。如果某商人是位老主顾，银行一般不会拒绝，否则老主顾就会认为银行也缺钱，如此一来银行就成为恐慌的攻击对象。不仅是商人，所有存在金钱债务的人——现在或者将来——都有这种自保意愿，意愿的大小同负债相关，这种情况对于那些辅助信贷经销商更甚。在任何银行体系下，那些保管着准备金的银行周围都聚集着一些小规模的货币经销商关注票据市场，哪怕是细枝末节的变动，他们盯着那些业务繁忙的银行无暇顾及的证券来谋生。随着业务的增长，这些经销商队伍不断壮大。不同模式的贷出资金都有其不同的特性，那些专一于一种资金借贷的方式会更加安全，当然也会更加廉价。在恐慌时期，这些货币经销商通常会寻找一些大经销商。平时，他们来往密切。小型经销商可能习惯于以更低的利率，通常低于他自己的定价，将自己的“证券”抵押给大型的经销商，然后在金融市场再次放款。他们的时间和智慧就是他们的主要资本，而且他们也正是利用这一点让自己生存下来的。但是，在恐慌初期，他们也最容易受到惊吓，因为他们的信用从未被稳固建立或者信用范围过窄。他们经常害怕自己就是那个被舆论质疑的人，通常情况下也确实如此。接下来，他们会找大型经销商寻求资助。那么，大型经销商面临的问题出现了："我们又在多大程度上可以保护自己？毫无疑问，给这些二等经销商提供资助是一件很让人头疼的事，但是拒绝了难道就没有危险吗？由于不利因素叠加，恐慌蔓延，如果这群二等经销商完蛋了，我们就安全了吗？"

简言之，恐慌是一种神经痛，依照科学原理，你又未必能医好它。现金储备的持有者们不仅要为其自身负债进行储备，还包括为其他的债务人进行储备。只要在安全上有保证，他们必须把钱借给商人、小银行，等等。在恐慌蔓延时期，一次破产的发生就能引发多米诺骨牌效应，所以阻止衍生破产的最好办法就是掐住源头。1825 年扼制恐慌的办法就是通过注入流动性资金这一方式，最终被广泛和形象地宣传，从而成为经典桥段。

"我们提供贷款，"哈曼先生代表英格兰银行说道，"通过一切可能的方式，以及我们之前从未采用过的方式，我们动用证券准备金来购买国库券，我们发放国库券做贷款抵押，我们不仅为票据提供完全的贴现，同时还为大量的外汇票据提供抵押贷款。简言之，我们会利用一切可能的方式保持英格兰银行安全。面对公众所处的糟透状态，我们尽己所能地提供各种帮助。"

一两天后，恐慌平息了，伦敦城恢复了往日的平静。

管控恐慌的问题绝不应该被认为主要是"银行业"方面的问题，这其实是一个商业问题。所有的商人都有负债，有快要到期的票据需要兑付，并且只能通过其他商人签发的票据到银行贴现，才能支付自己签发的票据。换言之，所有的商人都依赖于借贷资金，大商人依赖的借贷资金更多。当恐慌产生时，纵然是很轻微的情况，许多商人都打算借入超过平常的资金量，他们认为应该为即将到来的承兑票据提供更多的支付手段。如果银行满足了他们，即使他们需要很少数量的资金也会大举借贷；如果银行不能满足他们，就会造成市场恐慌。

表面上看，这显得前后矛盾。首先，你需要在某家或多家银行建立一定的储备，并将该家或这几家银行视为准备金储存的最终场所，如国库，不到最后关头，不准动用。然后，你可以说这个被视为准备金最后储存场所的国库也充当了最终贷款银行的角色；最终贷款银行动用储备不会受到限制，因为当没有任何人愿意贷款时，它将出面扮演最后贷款人的角色，无论该贷款数额有多大。这就好像说准备金应该保持，之后又说不应该保持。这没什么好费解的，一个国家银行业的最终准备金（不管是何机构保管）不是拿来炫耀的，而是为了某些必需的用途，其中之一就是满足国内恐慌引发的现金需求。在特殊情况下，我们动用最终储备，这并非不合常理；相反，我们就是为了应对特殊情况，才保留储备。

当我们把这个问题抽象化，它就应该是这样的："惊慌"可以理解为当债权人想赎回资金的时候，他的债务人的资金不足以清偿其债务，由此导致一种害怕讨不回钱财的心理。如果可以让债务人有能力按时偿还他们的债务，那么这种惊慌就能够以最佳的方式予以平息，为此只需要很少的资金。如果惊慌不能够被平息，它就会进一步演变为恐慌，产生大多数人或者极多的人不能清偿债权人的想法。恐慌也可以通过使那些债务人能够偿清欠款得以平息，但是这会需要更多的资金。除了银行储备持有人，没人拥有那么多的资金。

并不是由于持有储备的银行提供援助，就会必然减少银行准备金。一般情况是，恐慌基本上都会波及储备银行，但却不会对它们构成威胁。在这种情况下，那些大银行为有需要的人提供信用担保，就足以平息这种恐慌了。在我们现行体制下，如果一名商人或者一位银行家获得一笔贷款，并将其信用在英格兰银行进行备案，就已经足够了。也许他从没开立过支票，支取贷款，或者他支取过贷款，这张支票也会再次流转并成为其他客户的信用，那些顾客会将该信用贷款记入其账户。这时，贷款的增加虽然意味着银行负债的增加，但不会减少银行储备。就在 1844 年之前，比如 1825 年票据的发行平息了一场席卷全国的恐慌，却并未减少黄金储备。这些票据发行出去，却并没有回笼，它们的发行是作为对公众的贷款，虽然公众并不需要它们，但他们从未拿着这些票据要求银行承兑，也从未要求换取金币。但是在恐慌加剧的情况下，承兑巨额债务虽然没有发放等额贷款那样严重，却会引发恐惧的挤兑潮。在任何时候，现金都可能被需要，假设恐慌不断加剧，不断有现金需求，那么随之而来的就是银行储备的降低。

毫无疑问，最终所有的预防措施都是徒劳。“在特殊时期，”李嘉图曾经说，“一场普遍的恐慌可能就笼罩了全国，此时每个人都变得十分渴望拥有贵金属，作为最方便的方式来保住自己的财产——在任何体制下，要应对这种恐慌，银行都没有了可资借助的保障。”那家或那些持有储备的银行可能比其他人维持得更久一些，但是如果恐惧超出了一定的范围，它们也不能幸免于难。所谓信用，就是使债务人能够使用一定数量的从其债权人手中借到的资金。如果所有的债权人马上需要全部的资金，他们不能拿到资金，因为那时资金正被他们的债务人使用，而且一时要不回来。信用是把双刃剑，在给我们带来益处的同时，也带来了害处，除了尽我们所能来减少损害，我们也必须保持大量的随时可动用的资金储备，并在恐慌时期或惊慌初现的时候可以从容地动用准备金发放贷款。

管理货币市场则要困难许多，如前所述，国内的恐慌和国外对黄金的需求通常一起发生。资金外流掏空了银行储备，这种准备金的剧减以及由此引发的贴现率上升，将造成市场恐慌。因此，储备银行必须立即着手处理两种截然相反的困局：一种需要收缩银根，尤其要迅速地提高利率；另外一种则采取相对宽松的政策，发放大量的即期贷款。

在我们积累大量的实践经验之前，为这种错综复杂的金融困局开经济药方并不是一件容易的事，不过现在我们知道如何处理了。首先，我们必须留心外汇流出，并将利率提升至必要水平。除非你可以停止外国出口，否则你就不能缓解国内的惊慌。银行会越来越缺乏资金，这将导致恐慌蔓延。利率上涨以后，那些银行最终准备金的持有银行——一家或多家——必须维持自由放贷。在利率高涨之时，发放大量贷款是应对货币市场外汇流失与国内流动性紧张最有效的方式。任何关于筹措不到资金或以任何代价都难以筹措资金的想法，都会将一般的市场惊慌推向市场恐慌，并进一步将市场恐慌推向疯狂。不过，道理虽然简单，但要妥善应对这种错综复杂的金融难题，还需要卓越的敏锐眼光。

虽然对任何国家来说，这类问题都十分棘手，但英国目前遇到的问题之大之复杂已经远远超过了任何国家和任何时候。恐慌对英格兰银行最终储备造成的压力与该国的商业及附属银行——那些没有现金储备的银行——数量及规模成正比。我们的银行体系在这两方面都引发了巨大的市场紧张。我们的商业规模，和那些依附于英格兰银行的银行数量和规模都是不争的事实。如今，我们拥有着数量庞大的背负巨额债务的个人，这超过了本该拥有的数量，也超过了以往任何时候，非任何国家所能比拟。每次恐慌之初，所有背负巨额债务的人试图尽其所能偿还债务，这就导致了新的贷款需求。此时，那些明明没有流出多余储备的银行非但不能满足这样的需求，而且还在大举借贷，或者不能对大量的贷款展期，甚至二者兼而有之。

英格兰银行之外的伦敦银行通过多种方式来应对此问题。首先，它们可能为票据经纪商准备了一大笔贴现票据，如果这些票据被兑付了，它们就会减少其他票据的贴现需求。在 1857 年的恐慌中，伦敦威斯敏斯特银行的董事们就将此类票据贴现了数百万英镑，他们给出充分的理由声称，如果这些票据被兑付，他们就会拥有一大笔现金足以满足任何需求。[①] 但是那些票据是怎样被兑付的呢？总得有什么人出借资金来兑付这些票据。商界人士无法承受突然损失一大笔借入资金，因为他们已经习惯了负债经营，没有这笔钱，他们的业务就无法运转。他们最无法承受的，是在恐慌初期人人都想比平时筹措到更多的钱。说得再深入一些，这些票据只能通过其他票据的贴现才能实现兑付。当（假设）曼彻斯特的一名批发商签发给制造商的票据到期时，通常他不能马上用现金支付，他只是依靠信用，进行着赊买赊卖，所以无非是个中间商。为了给制造商支付账款，他必须贴现那些从他这里买进货物的零售商签发给他的票据。但是，如果贴现的渠道突然中断，那么他就无法对手中持有的票据进行贴现。商人都是用新贷款偿还旧的债务，如果没有新的资金注入，包括伦敦威斯敏斯特银行在内的许多银行就不能对所持有的票据进行兑付。

那时，谁才会往里面注入资金呢？当然不会是票据经纪商。他们一直以来都是同类似伦敦威斯敏斯特银行的这类银行进行数百万英镑的票据再贴现，如果发现自己不太可能实现那些票据的再贴现，他们会迅速地保护自己并不再进行贴现。他们的业务不允许有未被利用的大量现金，因为他们需要为存储在自己这里的所有资金支付利息，这个利息通常接近于他们收取的利息。由于他们只能维持很少的储备，所以会较其他任何人更敏锐地觉察恐慌的到来。当

---

① 参考附录一中注释 B。

恐慌来临时，他们会非常迅速地停止贴现，同时大幅降低贴现额。根本不要指望从他们那里得到更多的注入资金，能够拥有新资金的唯一场所就是英格兰银行。

这里有个较简单的案例：一家不确定其信用的银行，想要增加它的现金储备，可能将钱交给票据经纪商。如果它想补充现金储备，那么就可能在惊慌刚出现苗头的时候取回这笔钱。但是，如果很多银行都突然这样做，那么这个票据经纪商若不借债就无法完成立即清偿。对他们来说，所拥有的票据都是信用极好的人签发的，但这并不意味着随时都可以对这些票据进行贴现，即便这些票据还没有到期，因为那些多多少少受到惊吓的银行需要票据经纪商能够即时完成兑付。于是，票据经纪商会寻求英格兰银行的庇护——在这样的时刻，这是唯一拥有资金的地方。

如果银行想要出售统一公债，或者赎回在统一公债上投入的资金，那么情形也是一样的。它将这笔资金也算成自己现金储备的一部分。在平时，可以说没有什么比得过这个方法了。正如俗语说的，你“在周日都可以售出统一公债”。在没有出现惊慌的时候，或者在惊慌只能影响某一家银行的时候，该银行完全可以依赖这样的现金储备而不必感到不安。但是假如出现了普遍的恐慌，情形就不同了。那时，即使它想要出售价值 500 000 英镑的统一公债，可能在市场上都找不到可以立即支付 500 000 英镑的新资金。所有银行都想出售，或者它们不得不去出售。此时，它们能够依赖的就只有英格兰银行了。在一场大的恐慌中，统一公债很难卖掉，除非英格兰银行为买家提供贷款。

最坏的情况是，惊慌不局限于大城市，而是在全国范围内蔓延。通常来说，地方性银行只维持很少部分的不能产生利润的现金来保障日常的业务运营。其他所有资金，它们都委托给票据经纪商，或者给那些提供利息的银行，或者投资类似统一公债的债券。但是在恐慌时期，它们跑到伦敦想要赎回自己的资金，也只有在英格兰银行，它们才能赎回自己的资金，因为伦敦其他地方性银行都想赎回自己的资金。

如果我们记得伦巴第街要偿还的负债规模远超过其他任何类似的市场，而且整个国家的负债规模更大，那么当伦巴第街和整个国家都突然立即来向它寻求帮助，可想而知英格兰银行的压力有多大了。其他银行从未面对过如此巨大的需求，因为从来没有任何一家银行为像英国这样的国家保管过银行准备金。

英格兰银行承担这种巨大责任的方式还是非常少见的。在每次恐慌中，它都提供了巨额贷款：

1847 年，“私人证券”贷款从 18 963 000 英镑增加到 20 409 000 英镑；

1857 年，“私人证券”贷款从 20 404 000 英镑增加到 31 350 000 英镑；

1866 年，“私人证券”贷款从 18 507 000 英镑增加到 33 447 000 英镑。

但是，从另一方面，正如我们已经看到的，虽然英格兰银行或多或少地承担了它的职责，但它并不明确承认这就是它的职责。我们常常被严肃地告知，英格兰银行的银行业务部门仅仅是家银行，同其他银行一样，在恐慌时期，它没有特殊的职责——那时，它也需要保护自己，就像其他银行需要保护自己一样。这样，英格兰银行就有了借口。迄今为止，关于银行业务问题的讨论与关于货币问题的讨论相比，实在太少了，以至于英格兰银行在恐慌时期的职责就被误解了，被置于一个错误的位置。

试想，由于银行票据是法定货币，那么英格兰银行就具有一些特殊的为他人提供帮助的职责。但是银行票据仅在发行部门是法定货币，而在银行业务部门并不是法定货币，这两个部门在同一幢大厦偶然的组合也使得银行业务部门在面对恐慌时孤立无援。若发行部门坐落在萨默塞特大厦，如果它在那里发行政府票据，那么银行业务部门在现行法律下的地位就完全是它现在的样子。毫无疑问，从前英格兰银行发行它乐意发行的，但是回顾历史显然不能使它变得更加强大，因为现在它再也不能像之前那样发行了。所以，我们需要解决现在的问题，而不是回顾过去的历史。

那么，更加糟糕的争论来了。依照这种争论，由于英格兰银行掌管着“国家账户”，是政府的银行，它是一种“公共机构”，有责任帮助国民。但是，保管政府征收上来的留着应对日后开支的税收是一项与恐慌完全无关的职责。当恐慌来临时，政府的资金可能变得更多或者更少，这两者间并没有什么联系。政府委托英格兰银行掌管属于自己的资金或筹措自己所需的资金，并非就是雇用英格兰银行去平息恐慌或者在其愿意平息恐慌的情况下，为其提供更多帮助。

真正的原因并没有被清楚地揭示出来。如前所述——考虑到此一问题的重要性和潜在的新颖性，有必要在此重申——不论由某家还是某些银行掌管全国银行的最终准备金，在恐慌时期，必须以最没有约束的方式动用这些准备金发放贷款，这是银行储备的显著用途之一。不论对错，就目前而言，英格兰银行保有我们银行业最终的银行储备，因此它必须动用这笔资金。

虽然英格兰银行在恐慌时期确实提供了大量贷款，然而由于没有可资借助的明确原则来指导，自然难免表现出犹豫、不情愿，甚至是顾虑重重。在 1847 年，甚至是 1866 年（最近的一次恐慌，总体上来说，英格兰银行表现出色）大家坚信英格兰银行不会对统一公债提供贷款，至少在为其提供贷款时表现犹豫。那一刻，关于这座城市的报道，还有流入该国的电报，都可能加剧市场恐慌。结果，这种迟疑的作风导致即便最终发放了数额不菲的贷款，也没有在平息市场恐慌这一问题上获得显著的效果。扼制或者平息恐慌应该给公众建立这样一种预期：尽管筹措资金的成本高昂，但依然可以为市场注入足够的流动性。如果人们真正意识到只要等上一两天，他们就能获得所需要的金钱，那么就不会出现极端情形，他们就会停止那种以疯狂方式挤兑银行赎回金钱的行为。要么立刻关闭银行，说它不会贷出多于平时的资金，要么就进行无限制大胆的放贷，好让公众感觉到会继续发放贷款。发放了贷款，却没有给公众树立能实现充分有效地贷出资金的信心，是最愚蠢糟糕的政策，但这却是目前英格兰银行所采取的政策。

事实上，英格兰银行贷出资金并不是出于银行信贷的动机。在恐慌初期，持有储备的银行害怕恐慌造成的破坏性，它们应该立即出借资金，并尽可能保持出借资金的自由。它们不应该以这种方式为他人服务，而应该以这种方式为自己服务。它们应该知道这种大胆的政策才是唯一安全的，也正是由于这个原因，它们才应该做这样的选择。但是英格兰银行的董事们并不害怕，即使在最后一刻，他们还是在说："无论如何，我们都可以自保。"在 1847 年和 1857 年这两年（我相信 1866 年也是如此，虽然并没有纸面的证据），虽然英格兰银行现金储备几近枯竭，英格兰银行的董事们仍旧声称英格兰银行的业务部门相当安全，并且认为可以通过出售证券和停止票据贴现来实现自保，这简直是痴人说梦！英格兰银行不能出售"证券"，因为在极度恐慌中，根本没人会去购买证券。在这种情况下，英格兰银行显然不能独善其身，等到它的票据被兑付，来充实金库，因为除非它贴现等价票据，否则已经实现贴现的票据是不会被兑付的。当最终储备的某家银行或几家银行储备降低，它不可能通过之前依靠其他银行或附属银行通常为维持它们的准备金而存款这一方式来增加储备，因为这些银行坚信在这样的时期，最终储备银行会相较平常对更多票据进行贴现，发放更多的贷款。但是，最终储备银行已经没有这样的能力了。

如果我无法证明将我们的全部储备委托给一家单一的董事

会——就像委托给英格兰银行的董事们一样——是非常不恰当的，也是非常危险的，那我就无法达成目的。虽然我们已经强烈感受到其诸多不良后果，但还没有予以充分的揭露，它们被传统的观点和陈旧的争论掩盖了。

于是将存在这样的问题：什么样的制度会比较好？还可能存在其他的哪一种制度？我们已经习惯于一种其主要职能取决于另一家银行的制度，导致我们很难想象还有其他的可行制度。但是，正常的银行制度——如果政府放手让银行独立运营，这种制度就会自发地产生——应该是出现很多规模相当或不完全相当的银行并存的制度。在任何行业中，竞争都会使企业形成一种大致相当的实力。在棉纱行业，没有一家公司可以相对其他公司具有极其领先和永恒的压倒性优势，这个行业不存在一家巨头主宰全行业的情况。若银行业被放开，进行自由经营，那么也不会存在一家银行主宰整个行业的倾向。在曼彻斯特，在利物浦，甚至是全英格兰，我们有大量的银行，每家或多或少都拥有一个自己经营得非常好的业务，但是我们没有一家银行在任何业务种类上都做得出类拔萃，苏格兰也没有。在除了英格兰银行以外的股份制银行里，我们也观察到了同样的现象。可能在某一时期，一家或多家银行的业务水平优于其他银行，但是没有哪家银行能够永远地保持毫无争议的领先地位。没有一家银行能做到远远领先于其他家银行，以至于其他银行自愿将准备金委托其代为保管。一个有着许多规模相当的竞争对手自由展开竞争的行业，可以说就是最好的制度安排，银行业也不例外。任何行业的垄断其实都是某种不正常优势和外部干预的表现。

可能大家会马上问我：你打算来一场变革吗？你考虑废弃现有的储备体系，并重新建立一个多储备的系统吗？我想清楚地表明，我并没有这种打算，我知道这很幼稚。信用之于商业就像忠诚之于政府。你需要接受你所找到的这种商业信用，并在可能的情况下善加利用。理论家或许可以轻易地筹划出一份废除维多利亚女王的政府计划，他可能提出这样的理论依据，既然我们承认并且知晓下议院拥有真正至高无上的权力，此外其他任何最高权力机构都是多余的。但是，从现实来看，根本不值得对这些争论进行检验。维多利亚女王——毫无疑问，也毋庸置疑——被数以百万计的民众效忠，但是如果这些民众对此开始产生异议，那么再要说服他们服从维多利亚女王或者做什么事，就不那么容易了，因为需要提供有效的论据来说服那些需要被说服的人。建立在以英格兰银行为中枢和基础的庞大信用系统目前已经存在，英国民众，包括外国人都毫无保留地信任它。每家银行都知道，一旦到了被迫去证明自己值得信赖，那么无论自己如何说得天花乱坠，它的信用也就崩塌了：因为信用不需要刻意去证明。一切都是建立在一种由实践和时间沉淀下来的自发形成的基础之上。没有什么能够说服英国民众废除英格兰银行，否则，必将消耗几代人的时间才能建立一种让人们信赖的其他信用体系。一个多储备的体系，如果能够呈现在伦巴第街，那将是一件令人感到惊奇的事，没有人能够理解它，也不会对它产生信赖。信用是这样的一种传奇力量，它可以渐渐发展壮大，但不可以凭空创造，那些生活在强健、稳固体系下的人们都相信，如果他们推翻了当前的信用系统，那么将再也看不到另一个信用系统了，因为要建立一个让人们接受的新系统，会耗费太长太长的时间。

基于这一点，我不建议重新建立一个多储备的银行系统。如果我建议建立多储备银行系统的话，只是徒劳，且会被嘲笑。我也不能提议我们应该采取法国人为解决同样问题所采用的简单直接的那种权宜之计。在法国，所有的银行业务都依赖于法兰西银行，甚至比起英国的银行依赖英格兰银行更甚。法兰西银行持有银行业的最终准备金，也掌管着整个国家发行货币的黄金储备，但是政府并不信任这种由股东任命的商人董事会机制，而对法兰西银行的行长及副行长采取行政任命制。当然，除了这两名官员，还存在一个成员由股东提名的董事会，一般情况下，这两名官员不需要参加董事会的会议，除非认为有必要。他们奉命监管整个国家财产，如非必需，他们可以完全忽视那些董事的絮絮叨叨。从理论上说，这一机制还有许多值得商榷的地方，但是既然维持单一的银行储备制度是一项政府职能，那么由政府直接任命官员就无可厚非。不错，这样的政府干预与经济学意义上的“银行业是一个行业，而且也仅仅是一个行业”的观点相悖。但是，当政府借助于行政权力，创建一家凌驾于其他所有银行之上的银行机构，实施单一的银行储备制度时，就顾不上这一信条了。在这种储备制度业已存在的情况下，法国人可以充分合乎逻辑地认为国家应该监督和管理这笔准备金。但是，在英国这就行不通，我们从来没有受过什么训练来关心我们制度建立的逻辑性，或者说我们受过不关心制度建立的逻辑性的训练。实践结果表明，在这种情况下我们关心制度建立反而会让事情变得更糟。英格兰银行的行长可能是议会的高官，也可能是内阁成员，其人选取决于各党派的实力对比。一个极其需要连贯性和专业技能的行业居然要交给一个轮值又未经专业训练的官员来管理，无论如何，这一制度安排在一名英国商人看来是极其荒谬的，认为无须考虑，也不值得考虑，饶是这一制度在法国运行良好，而且还有理论支撑，但对他而言依然难入法眼。

这些都超出了我们的讨论范围，我只建议三点补救措施。

第一，在银行和公众之间需要有一个清楚的认识，既然英格兰银行持有我们的最终银行储备，理当认识到并且履行其隐含的职责——在国外需求旺盛时，及时补充准备金；在国内出现恐慌时，按照银行业的基本运行规则，迅速无约束地发放贷款。

这看起来跟法国差异相当大，但在现实中，其实没有这么大的差异。在英国，我们经常不自觉地受到公众舆论的间接影响，而在其他国家则受到政府的直接干预。英格兰银行的董事极其害怕公众舆论，或许再没有其他哪类人会对报纸上的评论如此敏感了。虽然我们的政治家所受到的指责往往要多得多，但是他们通常经历了漫长的时期来适应尖锐的批评，尽管他们仍然很在乎批评，但已经比原先好很多了，因为他们知道这是无法摆脱、不可避免的持续性刺激。但是，英格兰银行的董事没有经历过类似的训练和锤炼，他们在英格兰银行的任职只占用了非常少的一部分时间，其他时间（除了在议会任职）都花费在了商业和退休生活上。他们没经历过尖锐的公众批评，也没有受过如何去对待批评的训练，尤其是一旦轮值成为行长，就会非常焦虑于两年的任期是否会“较为顺利”。他们会表现得更易于被激怒，哪怕只是原则性问题，也不能平静地接受加于身上的有针对性的责难。由于英格兰银行在金融市场的确切地位不明了，也就没有任何可供英格兰银行行长参考的标准，以至于他经常恐惧“某事有人窃议”，但又不知道究竟是些什么事，这自然对有效开展工作毫无助益。但是如果我们把制度——承认英格兰银行承担着我们单一银行储备的监管职责，并遵循既定原则动用储备——建立起来并普及开来，那么英格兰银行的行长只需要依照规定行事就行了，并按照程序对待外间批评。可以确定，到那时那些在商业世界长期浸淫的人都会基于一套相沿成习的成熟制度依规办事。目前，英格兰银行的董事会可以说是政府的半受托人，不过我将视他们为有政府背书的真正受托人。

第二，英格兰银行的管理应该以一种如下解释的方式加以改进。我们应该减少“业余”部分，同时增加训练有素的银行业务部分，并提高管理方面的稳定性。

第三，由于上述两点建议是旨在尽可能强化英格兰银行实力的，接下来我们应该留意银行系统的其他方面，并尽我们所能减少对英格兰银行的需求。中央机构不可避免有脆弱的时候，我们应该尽可能减少对它的压力。

要详细说明这些建议，并获得对已经进行讨论的完全理解，我们必须对伦巴第街的诸组成部分进行更多细节考察，同时寻找出对构成目前独特结构的一系列难以理解的成因的更多枝节。

第三章

伦巴第街的起源及其演变

一

18 世纪，最受好评的文学创作主题之一是“推测史学”。人们依据概率，凭借假想构建了原始物种起源的可能性。若现在将这种推测应用于银行业，我们自然而然会联想起银行存款业务在其萌芽时期的发展和成长，如同它们现在在英国每一块殖民地上生根发芽一样。只要一个社会通过拥有大量资金而变得足够富裕，同时这笔资金能够集中于某家银行的时候，这笔资金将被毫不犹豫地存入银行。英国的殖民者不喜欢承担持有资金的风险，又希望通过持有这些资本来获取利息。殖民者将宗主国国内对银行业务的理念和习惯带到殖民地，一旦条件成熟，他们将立即把这一套银行制度在新地盘上付诸实践。按照推测史学的思考方式，银行业务就是这样产生的，但是这样的历史毫无价值，因为其基础本身就是错误的。它假设那些初创时最易运行的部分也是那些最容易创立的，而那些因熟练而变得简单的部分也是最易于被外行接受的。但是事实恰恰相反，许多看似简单，同时运转顺畅的事物可以被稳固地建立起来，但它们却很难被一群新手所创立，甚至跟这类人解释清楚都很难。银行业就属于这种类型。其本质在于，相当一大批人愿意信任很小一部分人，甚至是某个人。银行家数量与存款人数应是相差悬殊的，这样银行业才能有利可图。然而，让海量的人群恰好去做同样的事情无疑是非常困难的，除非有一些显而易见的必要性促使他们必须这么做，而银行业并不存在这类显而易见的必要性。即使在现在，你随机选择一个法国的城镇来进行观察，都不会找到任何一个类似于我们这样的银行体系。大家不懂什么是支票，也很少将钱存入银行的活期账户里，而是存储在自己家里的保险箱里。我们可以想象，等待投资机会的同时又不会存在即期需求的稳定储蓄，是有可能提供给银行家的；但在现实社会中，这一笔笔的流动现金被社会成员保管在了自己家中。他们喜欢这样的资金保管方式，也根本不需要像银行家一样为管理这笔钱而支付昂贵的费用。如果在法国设立一个像英国小镇里的国家乡村银行这样的分支机构，可能会入不敷出。因为你可能根本就找不到足够多的愿意将自己的钱存入银行的法国人。除了英国人，其他国家的人都是这样，只是程度不同而已。所谓万事开头难，银行业亦然，人们不喜欢让自己的金钱离开视线——尤其是在毫无保障的情况下离开自己的视线。甚至，在不可见和没有担保的情况下，让他们将资金交给他们信赖的某个人也做不到。推测史学可以通过现在最简单和普遍的现象来解释过去，但是对于大部分银行业务来说，这么做是行不通的。

真实的历史是非常不同的。新的需求主要通过适应来满足，而不是通过凭空创新或者创造。有时通过创造某些事物以满足极端需求，通常也仅是满足那些并不迫切的需求，或者只是提供一些便利。在这个方面，政府管理——世界上最古老的机制——成为最难掌握的部分。从历史的开端来看，我们可以发现社会恰好发生了那些我们需要其发生的事情，同时也并没有发生那些我们不期望发生的事情。同样地，审视现在的工商业，也许一个新地点的商业雏形就是一家普通的商店，它基于人们各种实实在在的需求，并迅速地满足需求，哪怕是那些最奇怪的需求。银行业务的发展与其大同小异。第一批银行建立的目的并不是发展我们的存款银行体系，或者其他类似的原因。它们的建立实际上源于很多更加紧迫的原因，在其成立之后，这些银行或者按其模式建立的其他银行，其业务才逐渐触及现代银行领域。

位于热那亚的最早的意大利银行圣乔治银行起源于金融公司，其他的银行都是模仿其建成的，起初只是提供贷款的公司，并且为其所在城市的政府筹集贷款。资金需求主要为满足大多数时期政府的紧急需要，并且这种政府紧急需要的程度很少有超过中世纪发生骚乱的意大利共和国。这些银行建立多年之后，才开始进行一些我们如今所谓的银行业务，在成立初期，它们从未考虑过这些。对于欧洲北部的一些大型银行建立的原因，仍然需要进一步的探索。银行作为一个以提供优质铸币为主要业务的概念已经淡出人们的记忆了，但是无论在哪里，对商业的需求一旦被感觉到，就没有比满足其需求更加狂热和急切的了。亚当·斯密对其的描述是如此恰到好处，以至于不引用他的名言，就显得很不明智：

> 一个大国的通货，比如法国和英国，通常情况下，几乎全部由其本国铸币构成。因此，这种通货在任何时候磨损、减损，或者因其他原因减少了铸币自身的标准价值，该国可以通过改铸而有效地重新树立货币的信誉。但是一个小地方，比如热那亚或者汉堡，其通货很少能完全由其自己的铸币占据主导地位，在很大比例上，该地区流通的货币是由所有相邻国家和地区的货币构成的，而本地区居民同相邻国家和地区一直进行着持续不断的往来。因此，这样的地区不能通过改铸来改革自己的货币。如果以该地区的这种通货支付外汇票据，那么任何数额的这种通货价值都是不确定的，因为其本身的属性就是不确定的，在外汇结算方面，这类国家或地区必然处于劣势，对于所有其他国家和地区来说，该地区的通货价值必然低于其实际价值。

这种不利的兑换方式给他们的商人造成了很大程度的困扰，为了补偿这种不便利性，当这些小地区开始参与贸易收益时，经常会发生如下情况，某确定价值的外汇票据需要被兑付时，不使用常规通货，而使用某家银行的票据或通过它转账支付——这种银行是依靠国家信用、在国家的保护下设立的，完全遵照国家标准，以优质足额的货币进行偿付。威尼斯、热那亚、阿姆斯特丹、汉堡及纽伦堡的银行最初都是基于这种理念建立起来的，虽然之后这些银行中有些开始因其他目的进行转型。这种银行的货币，较该国普通通货更优质，那么必然就会由于通货较国家标准贬值程度的波动情况，来承受或多或少的贴水方面的压力。例如，汉堡银行的贴水，一般来说大概在14%，这被认为是在国家优质标准货币与那些从邻国涌入的磨损、减损，或者发生其他减值的通货间的价值差异。

在1609年之前，由于阿姆斯特丹贸易广泛，大量磨损、减损的外国货币从欧洲各地被带入该国，使其通货价值降低了9%，低于从铸币厂刚铸造出来的优质货币。那么磨损的钱币常常处于这样的境况中：一旦这类优质货币出现，磨损的钱币就会被熔化或者被带走。拥有大量通货的商人，经常不能找到足额的优质货币去支付他们的外汇票据；虽然颁布了很多防止这类票据价值不稳定的法规，但是它们的价值还是很不稳定。

为了纠正这种局面，1609年，在市政府的担保下成立了一家银行。这家银行既接受外国货币，也接受本国那些因重量

> 减轻或受损而低于其真实价值的货币，扣减的费用仅包含造币过程的必要支出，及其他管理费用。剩余的价值，均与记录在银行账簿上的货币价值，拥有同等信用。这些信用被称为银行券，所代表的资金数额标准完全依据铸币标准进行计量，具有一贯的同等真实价值，同时其内在价值高于通用货币。同时，还实行了一项新举措，在阿姆斯特丹征收或议附的所有价值不低于600荷兰盾的汇票均以银行券进行支付，这项举措可以即刻解决有关票据价值不稳定的所有问题。其结果是，每位商人不得不在该银行开立账户，以便支付其外汇票据，因此必然会引起对银行券的需求。[①]

另外，早期银行最重要的职能汇款在现代银行业务中仍旧存在，只不过不再是银行业的主营业务。持有资金的个人来银行完成一笔远距离支付，因该行与其他银行具有业务往来，因此这笔资金就能够汇至目的地银行。一旦外汇票据发展至相当规模，对汇款的需求也就变得迫切。这些票据必须能够十分便利地从一个地方向货物的卖家付款。也许，卖家的仓库与买家的零售店距离很远，毕竟这些零售商需要在全国再次销售他们买到的物品。基于这些原因，或者更多一些原因，这类需要迅速定期进行的款项拨付就成为贸易持续增长的基本要素，因此也成为早期银行最想

① 亚当·斯密，《国富论》。

要完成的目标。

这些职能均超出了存款性银行经营的业务范畴，并在后来逐渐发展成为英国意义上的存款性银行。通过提供这些业务，它们得以积累信用，具备了成为存款性银行生存的立身之本。它们在这个方面赢得了信任后，又在另一个方面获取了信任，即使在业务雏形阶段该需求并不显得强烈和急迫，然而确是基于它所产生的信任对银行业产生了深远影响。在初期，这类需求仅影响很少的一部分人，因此也仅引起银行微不足道的关注。存款性银行从最初就进行的这种实实在在的引导性功能是非常受欢迎的，而且只有当它们对这种十分流行的业务进行进一步推广时，存款性银行才能够实现迅速和大规模的扩张。这种运作方式保证了货币在全国范围的流通和供应，当然以何种方式才能够给一个国家供应最好的纸币通货，那属于经济学理论讨论的范畴，非本文重点，因此对该问题不再赘述。同时，本文旨在陈述毋庸置疑的历史，对于那些有争议的问题不进行过多讨论。言归正传，我们可以确定的是，将银行业务扩散至整个社会的最好办法，是允许银行家发行可以取代金属通货的小额银行券。这对每位银行家而言，就好比一种津贴，从而使其能够敞开大门，直到储户们选择把拥有的资金存放到他们这里。存款性银行业务分布最广泛的地区是苏格兰，在那里，整个原始收益都源自流通领域。而票据发行，这个曾经承担苏格兰银行利润来源的支柱业务却成为苏格兰银行负债里面最不重要的部分。一本近期出版的有趣的书，可以使我们对这方面的过程细节有进一步的了解。成立于

1763 年目前已经与苏格兰皇家银行合并的敦提银行，在其合并之前，有八九年的时间，该行都是一家拥有可观存款的银行。但是在其成立的 25 年里，它连一点存款都没有。它主要靠票据发行维持运营，还有一小部分拨付款方面的业务。直到 1792 年，即该行成立接近 30 年之际，该行才再次开始吸收存款，也是从那时起，它开始了迅速扩张。[①] 英格兰银行的业务历史与上述情况差不多，虽然我们没有更多国家银行账户的细节，以进行这么久远的追溯。但是可能在 1830 年左右，英格兰银行业务的主要利润都源自流通领域，甚至多年以后，存款业务仍旧不受重视，以至整个所谓银行业务的探讨都转向了流通领域。我们处于这些碎片化的争议中，因此除非对纸币通货和 1844 年法案有个交代，否则人们很难理解伦巴第街的组织结构，而在目前正是该法案对伦巴第街进行监管。法国对该问题的认知也处于相同的历史时期。他们于 1865 年展开的大调查几乎完全从通货问题着手，银行业务处于从属地位。透过法兰西银行的账户可一探究竟：普法战争前最后一周的报表表明，法兰西银行的货币发行量大概有 59 244 000 英镑，其中私人存款只有 17 127 000 英镑。现在私人储蓄金额与之前相差无几，而货币发行量增加为 112 000 000 英镑。[②] 像法国这样的大国，为银行存款业务系统提供生存土壤都相当困难，可见若想将该系统建立成像英国那

① 参考附录一中注释 C。

② 在 1913 年底，情况仍然如此，私人存款为 23 013 000 英镑，货币发行量为 228 542 000 英镑。

样充满活力并保持强劲的发展势头，自然就难上加难了。

德国的情形也大抵类似。战前德国北部账户显示银行发行的货币量为 39 875 000 英镑，存款额为 6 472 000 英镑，在现阶段，相应的数字分别为货币发行量 60 000 000 英镑，存款为 8 000 000 英镑①。而这样的例子还有很多。

于是显而易见的是，对银行券的使用普遍早于银行储蓄习惯。这是一个非常容易形成的习惯。在发行票据的时候，作为获益最多的，银行总可以做得更多，如发放贷款、支付工资或者清偿债务。但是在吸收存款方面，银行就显得被动。它可以控制票据的发行，而存款则取决于他人的偏好。不过对于公众来说，改变这样的习惯也很容易。银行吸纳存款，必须能让大多数人一致将钱存放到它这里。然而建立票据流通，就不需要了。在日常交易中，公众只要拿着银行发行的票据，不去找银行兑付就行了。如果公众想避免这种兑付麻烦，那么纸币流通马上就存在了。纸币发行始于银行家，并不需要公众的努力，公众需要努力的就是当纸币处于流通时，不想使用这种纸币；但是存款业务并不发端于银行家，而需要社会自发和持续的努力。因此，纸币发行自然而然就先于银行存款业务。

银行发行纸币的方式为银行吸纳公众存款的方式奠定了基础。很容易理解，当私人开始持有大量纸币时，他将发现自己已经相当信任这家银行了，然而作为回报，他什么都没得到。就像他持有铸

---

① 在 1913 年 12 月 31 日，德意志帝国银行的存款为 37 159 000 英镑，货币发行量为 102 115 000 英镑。

币一样，他承担了利息损失和可能遭遇抢劫的风险。如果他将钱存入银行，他就不用承受任何因银行倒闭而需要承担的风险，同时他也从保管现金的风险中解脱出来。毫无疑问，对于未开化的人们来说，哪怕是如此简单的逻辑，也是需要时间消化理解的。大多数人希望持有自己金钱的欲望如此强烈，以至于他们有时仍旧会贮藏银行纸币：甚至在相当长的一段时期内，有些人仍旧会这样做。但在最终，主流意识将占据主导地位。银行纸币的发行将减少，而银行的存款资金将增加。银行的信用通过发行纸币获得了有效宣传，并被公众广泛接受，多年依赖信用生存的银行也将深刻认识到纸币发行对其自身的重要性已经消失。

这种存款的新业务的引导效果与纸币发行权的普及程度密切相关。一家垄断发行机构，比如法兰西银行，在全国推行这种运营方式将非常困难，对银行业务的宣传也非常缓慢。按照法律，法兰西银行现在应该在每个地区都设立分支机构，而现在只在 86 个地区设立了 60 家分支机构。[①] 与其相反的是瑞士银行，因在每个行政区都有一家或多家银行，银行业务传播十分迅速。我们看到，法兰西银行的负债是：

---

① 在 1913 年底法兰西银行的机构数如下：

总部	1
分支机构	139
辅助机构	71
代理处	360
总计	571

纸币发行　　112 000 000 英镑；

存款　　15 000 000 英镑。

但是瑞士银行的累计数量正好相反，为：

纸币发行　　761 000 英镑；

存款　　4 709 000 英镑[①]。

原因在于，一家中央银行的主要职能在于资本管理，当其在其他地区设立分支机构时，其借贷资本较地方性银行要少得多，因为地方性银行更熟悉地方的人与事。纸币发行主要由贷款引致，而且那时也没有存款需要兑付。但是，在农业地区贷款金额少；可被贴现的票据也不多；人们借款金额很小，并且信用仅限于当地；他们希望抵押资产的财产价值也受当地环境的影响。一位在当地成长的银行家，因有在该地区的生活经历而熟悉该地区的历史和变迁，因此他想在当地保障贷款的安全性，那是很容易做到的。但是一位被独家中央银行委任的经理想这么做就有难度了。那些信用最差劲的人会找他贷款，而由于他对当地情况的无知，使其成为当地居民中精明和狡猾人群的靶子，这会让经理人陷入永无止境的麻烦中，相反，如果他了解当地情况，那就能够保障货币发行的安全。

因此，现存的纸币发行系统将成为构建大型存款银行系统的最佳方式，纵观历史，这也是唯一的构建方式：迄今为止，没有任何国家可以在不经历最初的纸币发行阶段的基础上，形成一个庞大的

① 这是 1865 年 12 月 31 日的数据。

存款银行系统，并且以这种最快速和最有效的方式进行货币发行是由地方居民创建的，同时他们精通此道。

这就解释了存款银行如此少见的原因。如前所述，上述纸币发行的情形只可能存在于没有受到侵害也没有出现变革的国家。当出现侵害时，纸币发行银行必须停止兑付；在这种时期，资本外逃几乎不可避免，在变革时期也会发生同样的事情。在这种巨大的和每个个体密切相关的国内危机面前，国家会经常面临道德风险；每个人都只顾自己，每个人都希望自己掌握贵金属。无论是否存在侵害，或者是否发生革命，贵金属无疑是有价值的。而银行券的优势在于银行的偿付能力，只有当入侵或者革命成功的时候，银行的偿付能力才可能受到损害。

直到现在，几乎很难有任何的大陆国家可以在相当长的时间内免受侵害或者革命。荷兰和德国的纸币发行和存款性银行业务本应同英格兰和苏格兰一样获得自然发展——却从来没有幸免于外国战争。外部入侵给它们造成了深远的影响，这种恐慌意识深深渗透进了他们国人的整个意识里，同时这些国家的商人认为对他们的历史里频繁的意外支出不经过深思熟虑是愚蠢的，或许他们已经遭受过多次意外的损失。

在 1789 年以前，法国是一个例外。在长期的旧制度下，该国没有遭受严重的侵害和革命的冲击。在当时，普遍认为法国的政权稳固且充满力量；能够阻止任何外部敌人，有着坚实且不惧国内敌对势力的声望。但当时法国政府并没有公信力，尤其对待货币发行这个特殊的问题，在约翰·劳时期，当权者赋予一家劣质银行纸币发行的垄断权力，并用毫无价值的纸币偿清了债务。政府创造了一个会把国家搞崩溃的毁灭机制，并通过该机制让自己发大财。这无疑会给法兰西这个充满忧虑的民族带来致命的结果。在相当长的一段时期，法国在纸币发行和存款性银行业务方面毫无建树。在杜尔哥时期，现金贴现业务发展缓慢，因为大家明显对约翰·劳时期的失败经历心有余悸，束缚了前进的步伐。

处于这样的内外部环境下，伦巴第街应运而生；英格兰也成为超级金融市场，相比较而言，其他欧洲国家的金融市场规模都相对较小。英格兰和苏格兰通过其遍布全国的纸币发行分销系统使得银行业务顺利在全国范围展开；这些银行吸收存款，之后，将储蓄送往伦敦。伦敦成为金融中心并拥有充足的资金，使其他大陆国家根本无法望其项背。

二

伦巴第街的主导地位是通过纸币发行而建立的。麦考利对英格兰银行的起源曾有过一段无人能及的精彩论述。虽然他的作品并没有经典到需要人手一本，但是读者们仍有必要对其梗概有个简单了解。

在全球所有机构里，目前英格兰银行可能是距离党派政治和“融资”业务最遥远的。但它的起源并非如此，当时的英格兰银行不仅是一家金融公司，还是一家辉格党金融公司。可以说，英格兰银行是通过辉格党政府建立的，由于该行极度渴望金钱并获得了“当权者”支持，而“当权者”就是辉格党党员。这就是那部作品的梗概。

查尔斯二世政府（在由五个大臣形成的枢密院统治时期）犯下了超级大错误，英国政府的信用降到了历史最低点。当时稍具规模的金匠，有点类似我们现阶段的银行，习惯将他们的财富存入“国库”，并因此受到政府的保护。在大部分欧洲国家，国家的信用比其他任何信用都更加优质，也就更好地促进了银行业务的发展。而国家信用在英国尤其良好：即使英国刚刚发生了战争并经历了众多改革，英国政府的信用仍旧被广泛认可。但是查尔斯二世认为政府不应当具有这种信任，因此他关闭了“国库”，并拒绝为他人提供支付，因此给金匠带来了灭顶之灾。

之后的斯图亚特政府的信用再未从这次强盗式的掠夺中恢复过来。1688 年革命后建立的政府在货币问题上和前任政府一样不被公众信任。通过革命上台的政府，要想获得足够信任更是难上加难。对于暴力，资本家们出于本能地排斥，认为通过革命建立的政府，很自然也可以通过再次革命将其推翻。

在 1694 年，威廉三世政府的信用在伦敦降至新低，以至于根本借不到一笔像样的资金；不良事态持续发酵，最终因与法国开战，政府陷入了极端金融困境。最终，一项举措碰巧缓解了他们的燃眉之急。“这项计划，”麦考利说，“是那笔应该被筹集的

1 200 000 英镑，当时考虑的利率为 8%。”为了劝诱赞助者们迅速预付这笔对公众极为不利的资金，他们承诺赞助者以政府和英格兰银行的名义组建一家公司。结果双方一拍即合，政府也筹集到了所需的 1 200 000 英镑资金。

此后，银行信用多次对政府起到了实质性效用。没有银行的帮助，政府连国债都没法发行；若英国政府筹集不到资金，英国将被法国打败，并迫使英国重回詹姆士二世时代。多年过去之后，这份国债的存在成为产业阶层从不考虑恢复斯图亚特王朝或者接受任何令人心烦意乱的改革的主要原因。在那个时期出版的书籍里面，这些“国债持有者”经常被认为是反对“合法”的斯图亚特王朝政权的，因为这个政权可能会拒付债务，毕竟债务是那些废黜该政权及其联盟的人募集的。在很长一段时间里，英格兰银行成为伦敦自由主义的焦点，并为国家提供不可估量的帮助。为了回报英格兰银行的这些资助，政府给予英格兰银行三项重要的特权。

第一，英格兰银行是政府资产余额的唯一保管者。如前所述，在初创时期，银行给予政府信用，但随后银行就从政府处获得了信用担保。在民众的生活中，一个显著现象就是跟在政府后面亦步亦趋。政府是民众所熟悉的最大、最重要、最显著的实体，其知识的范畴无穷高于民众的平均知识水平，因此，除非有明显的警告，大部分人都趋向于认为自己的政府是正确的，并尽其可能地去跟随政府在做的事。尤其是在金钱问题上，人们认为：“如果政府信任英格兰银行来保管整个国家的资产，那么我将自己的资产委托给英格兰银行就不会错。”

第二，直到最近，英格兰银行在英国仍旧拥有有限责任的垄断权。英国的普通法对这种准则未做规定，只有皇家宪章或者成文法才可能涉及该内容。上述法令不允许任何一家实体银行（我没算上诸如张伯伦地产银行这样荒谬的方案）在英国运营业务实行有限责任制，而这种管制直到近些年才逐步放松。确实，很多人认为这适合英格兰银行，但并不适合其他银行。我记得伦敦城有位杰出商人的观点正好代表了当下的普遍看法。他慷慨激昂地反对银行实行有限责任制，当人们问他：“为什么，那么你这样要求英格兰银行的话，你去哪里开立自己的账户？”“噢！”他回复，“这是一个例外。”毫无疑问，这是英格兰银行最有价值的例外，因为这种根深蒂固的观念诱导许多冷静谨慎的商人成为英格兰银行的董事，那些人当然不会加入任何需要他们财产负连带责任的银行，因为那些责任是无限的。

第三，英格兰银行拥有成为英国唯一被允许发行银行纸币的股份制公司的特权。不可否认，直到 18 世纪中叶，伦敦私人银行也可以发行纸币，但是没有股份制公司可以这样做。若用现代的眼光来看待 1742 年法案的解释条款就会很奇怪。“为了避免任何对行长或者银行的特权的质疑，”——对英格兰银行特权的质疑——“虽然也会通过议会批准成立其他银行，但只有英格兰银行和该行的行长才能够独享特权；同时在所谓的英格兰银行行长和公司特权的存续期间，也阻止其他个人从事银行业务——那么政府当局之前所述采取的一系列行动和发出的声音就是对该法案的真实意图和意义的最好解读，该法案表明议会不会再给其他银行创立的机会，因此其他银行和个体合伙的金融机构都是没有法律依据的，比如在大不列颠王国，建立的任何政治上或公司形式的实体机构，或者以契约的形式吸纳了超过 6 人的合伙制金融机构，不论其成立形式如何，只要在所谓的行长和公司拥有特权的持续期间，其发生借入、欠款、利用他们账单的任何数量的资金或按需支付的票据及期限少于 6 个月的借入资金时，这些人都不能逾越英格兰银行所保有的特权范围。”从现代角度观察，这些条文似乎超出了它们原有的意义。“银行业务”这个术语在那时只应用于票据发行和即期票据的资金占用上。我们现在的存款银行业务系统，已经不再发行票据或者本票，这在当时业务规模并不大，而且也并不被称为银行业务。但是它的影响非常深远。上述条文适时赋予了英格兰银行在伦敦发行票据的垄断权，同时因英格兰银行在当时也没有任何分支机构，因此在全国的票据发行中它不需要与别人进行竞争。但是在伦敦，它还是需要进行一些努力与竞争对手展开竞争，而最终也取得完胜。除了英格兰银行，其他任何公司不具备票据发行的权利，同时不具有法人地位的个人逐渐放弃并最终停止了该发行行为。直到 1844 年伦敦的私人银行家若愿意还可发行票据，但是在将近百年之前，他们在该领域被扫地出门。由于英格兰银行在实际流通中垄断的时间太久，以至于大家普遍认为英格兰银行享有合法的垄断权。

该条款的实际影响力更加深远：人们坚信英格兰银行是唯一

可接受存款的股份制公司，同时也是唯一可以发行票据的公司。英格兰银行的这种“排他性银行业务”从现代视角进行解读，可以理解为：英格兰银行阻止了其他各种类型的银行开展我们现在意义上的银行业务。当乡村被允许建立股份制银行之后，人们开始询问为什么它们不能在大都市存在呢？接下来通过我之前引用的那些文字可以发现，被禁止的仅是那些可协商的发行手段，并没有禁止这类接受资金的手段。伦敦威斯敏斯特银行及所有我们比较古老的股份制银行都是据此建立起来的。但是在此之前，跻身于众多公司的英格兰银行不仅具有货币发行的唯一特权，同时也具有存款银行业务的唯一特权。在各种意义上，英格兰银行都是伦敦唯一的银行业务公司。

正因为较竞争者具有如此多的优势，英格兰银行很自然地超越了其他所有银行。它不可避免地成为伦敦显赫的银行，其他所有的银行都围绕在它的周围，并将自己的储备贮存在该银行。这样我们单一的储备银行系统就不用通过某些确定的理由来刻意建立了；它是由许多独立事件逐步发展的结果，是单一银行合法特权的积累，该单一银行目前已经改变，并没人再会去进行争辩。

第四章

财政大臣在货币市场中的地位

根据经济学理论判断，银行业毋庸置疑是一种行业，也仅是一种行业，同时大量经验表明政府对任何行业的干预均将产生损害。不可否认的是，对于货币市场，政府最有效的管理就是给市场以自由，让市场自我管理。

但是实现这样目标的唯一条件是：由政府保管政府的资金。毫无疑问，政府手中常常持有大量现金。我们可以将政府看成一国最富有的公司，其每年可支配资金远远超过其他任何实体和个人。不论它将其积累的这笔巨额收入存入哪家银行，无疑政府会立刻对该行的财务状况感兴趣。如果该银行不能持续吸纳公众存款，那么在其需要支付利息的时候，银行将无法支付债务利息；如果该行突然倒闭，它将既不能支付薪水，也不能支付其他各种杂费。一个现代政府就像一位非常富有的个人一样，拥有大量他可能不能很好支付的债务；个人信用对于个人财富来说是至关重要的，关乎其生死存亡，如果政府的存款银行破产了，当政府遇到到期的应付账款时，政府的处境将雪上加霜。

另一家银行或许会说，它可以接管政府账户。在其他银行倒闭时，它能够提供贷款，以保护政府在未来某个时刻的资产收益所需要的即期资金。但是这种救助机制的不完美之处就在于在最糟糕的情况出现时，救助将会以失败收场。在恐慌中，信用大厦将轰然倒塌，根本无法找到能够提供贷款的银行。之前掌管政府存款的银行将无法偿还这些存款，那么在这样一个恶性危机中，根本没有一家未曾吸纳政府存款的银行能够提供每季度政府所需要的 5 000 000 英镑或者 6 000 000 英镑资金。如果财政大臣将其掌管的政府资金委托给一家银行保管，并宣布在任何情况下，他都会放手让金融市场自由运行，绝不插手干预，结果将是金融市场一旦将其拖下水，他将无法向政府拿出他所掌管的资金。

在银行业形成的初期阶段，最好的规则是由政府保有自己的资金。如果没有令政府可以放心依赖的银行，政府就不应该过分信任银行。而应该对所有机构一视同仁，避免因将政府账户的安全保障授权给某机构，导致其攫取凌驾于其他银行之上的有害特权。在这样的时期，一位金融家的基本素养是具备平衡财政收支的能力；他将遵循的基本准则是，即使在特殊时期，政府金库内的闲置资金也不能多于正常时期。如果金库中不流动资本的数量并没有大大超出平常的平均水平，那么恐慌就不足为虑：这种状态所导致的结果仅是一定数额资金的利息损失，不会对整个国家造成沉重负担，而由此导致的额外税收也就不会太多。毕竟，与授信一家劣质银行而导致不可避免的大量资金损失相比，这点利息损失微不足道。就是从另一个角度讲，这种利息损失也好过为补偿这笔资金而将国家信用与劣质银行等同起来，为提振国家信用所付出的巨大努力。只要金融市场的安全保障机制不够稳健，那么一国政府最好由自己保管和管理资金。对于一家劣质银行来说，政府的支持和鼓励，只会让它变得更糟。或者说对它的救助会阻碍优质银行的创立，这一点是确定无疑的。

当银行业开始得到更好的认识，以及银行业务系统变得完全稳健时，政府可以逐步尝试贷出资金，尤其是在最稳定的财政系统下，政府可以将积累的巨额资金交给银行保管。

一个正常的银行体系会给政府带来很多便利。由于银行自身的生存和信用都依赖于银行储备，因此许多银行都会保持很高的资本充足率，这样一来政府与一家银行打交道的风险就会降至最低。政府的选择更多，而无须将业务拘泥于某一家银行。

这与一个国家的公共团体有些类似，很容易理解。就好比在伦敦积累了一大笔收益的伦敦都市工程委员会，选择在伦敦威斯敏斯特银行开立账户，原因是该银行为其贮存了一笔统一公债作为担保。[①]

财政大臣获取这样的担保同样不存在问题。如果他认为自己的账户额度大于任何一家银行能够受托的额度，那这笔存款应该被分为几个部分分别存入不同的银行。每个部分都有安全保障，才能保证整体资金是安全的。有时政府持有的流动资金异常巨大，它可能要求银行方面给予更多的安全保障，同时它还可以获取利息。它是如此重要和具有影响力的债权人，以至于它完全可以强化自己的话语权，从而获得较任何人更高的资产安全度。

另一方面，如果财政大臣是一个借款人——现实中他确实扮演过这样的角色，那么他开出的条件基本上都能够被满足。英国政府的信用是如此优质，以至于他可以比世界上任何人都享有更好的借款条件。在当时，财政大臣确实拥有比现在更多的便利条件，而按照英国现有法律，除非有议会的委托，否则他不能从公开市场上借入资金。而只能从英格兰银行借入所谓的“赤字票据”。[②] 在正常的

---

① 古老的伦敦都市工程委员会目前隶属伦敦郡议会，其持续在该银行（目前是伦敦郡和威斯敏斯特银行）贮存证券，也在其他特定持有地方政府账户的银行进行一些类似的资产配置。

② 需要注意的是，在那时议会授予了财政大臣通过发行短期无息国库券借款的巨大权力。这些不仅可以偿还国内债务，也可以偿还国外资本家的债务，其借贷领域非常广泛，他具有比其他债权人更高的地位优势。不过，除非有议会的授权，财政大臣不能借入资金，除非从英格兰银行借入“赤字票据”，并考虑该银行的固定利率，在国家应付的预付利息案例中，就遇到了财政部与英格兰银行谈判的问题，当时，支付贷款应付的利率低于现有的安排，为正常银行利率的一半。

银行系统中，财政大臣可以在众多银行的竞争中，选择贷款利率最低的那家银行；但是在我们现有银行系统里，他只被限定在一家自己确定贷款费用的银行。

如果我们做相反的预期，假定金融市场发生崩盘，那么政府就会撤回自己在银行那里的存款，就像美国政府实际做的那样。当出现紧急情况时，政府可能以发放国库券，或者抵押信用的方式提供援助，一旦度过了危机，它就会让违规银行付出代价。作为对其不当行为的惩罚，而那些从之前不当行为中吸取教训的一些新兴优质银行将会出现，正如工商业的自然交替规律，老旧的、腐朽的事物会灭亡，新兴的、优质的事物将取而代之。这些新兴银行会通过良好的行为证明它们值得国家信任，而不是国家提前赋予它们这种信任。进而，政府利用自己的支持作为对审慎的奖励，并将收回这种支持作为对那些应该受惩罚的愚蠢行为的处罚。

在一个运营良好的银行系统下，若不存在革命或入侵，一场巨大的崩盘可能就不会发生。若每家银行都感到自己在持有优质储备方面的信用陷入危机，它们可能就会补足优质储备，于是整个银行系统均维持了足够储备；一旦哪家银行没有维持这种足够的储备，它就会遭到持续不断的批评，很快丧失其地位，并导致最终消亡。因此，银行会以相当自由和慷慨的方式对待最初的恐慌，大胆地从储备中发放大量贷款，因为每家银行都害怕受到质疑，也都清楚在这样的时期，它必须“表现强大”，让外界认为自己具有实力，从而将风险降至最低。如果希望国家的资金以任何方式存入银行都是安全的，那么上述办法就是保证国家资金安全的有力方式。

但是这样的系统恰好与英国法律和经济状况为我们创造的系统相反。英国政府一直未将资金投入金融市场，直到该市场处于相当安全的状况。而在非常早的时期，几乎所有种类的信用都相当不安全，金融市场的参与主体，目的都是追逐自身利益。为了更好地筹措贷款，政府将监管权和利润（连同其他特权一起）交给了一家银行，因此它几乎在事实上成了那个时候的政府银行。政府给金融市场注入了大量资金，自然不会让金融市场实现放任自由的发展，因为政府承受不起损失资金的后果。

任何英国政治家都没有过解散英格兰银行的提议。理论家可能会纸上谈兵，信口开河，但是负责任的政府不会这样想。即使在该银行遭受最糟糕的危机并采取了最差劲的不当行为时，也没人考虑过应该关停英格兰银行。例如，在 1825 年，英格兰银行耗尽了备用金，在 1837 年，英格兰银行不得不向法兰西银行寻求援助时，也没有上述那种关停英格兰银行的主张。因不可抗拒的传统，英国政府不得不将资金投放到货币市场，并交给这家特殊的银行保管。

不过，这一银行体系明显存在重大缺陷。

第一，这一银行体系是通过国家援助创立的，它比自然而然形成的银行体系更需要国家的援助。

第二，单一储备体系较其他体系而言，减少了货币市场上的现金剩余，使金融市场更加脆弱。与负债对应的储备较少，将导致任何造成关于储备管理的错误，其效应都会成倍放大。

第三，由于我们单一储备管理的需要，受委托的董事会的智慧决定了我们储备金的安危。不像其他行业，取决于众多竞争者的平均智慧。

第四，该董事会与其他行业的董事会一样，受到为股东创造更多红利的压力，因此需要减少储备；而要保证公众利益，又必须维持较大的储备。

上述四点缺陷与我们的银行体系相伴相生，此外还包含着意料之外的缺陷。英国政府不仅创造了这个独特的银行体系，还一直在损害该体系，并不断降低公众对该体系的尊重。在英格兰银行建立超过一个世纪的时间里，虽然偶尔难免出错，但其表现是公正的、审慎的。它的业务量小于我们现在能够估计的水平，对大多数业务来说，英格兰银行的运营都很审慎并考虑周到。在 1696 年，它遭遇了最严重的困难，不得不拒绝兑付它自己发行的一部分票据。在很长的时间里，它陷入了一种对公众舆论的不无益处的恐惧中，为了维持公众信心，它行事审慎。但是英国政府打破了这种平衡。1797 年，由于英格兰银行当时储备水平较低，皮特先生担心没有足够的铸币以应对对外支付，因此他要求英格兰银行不得动用现金储备，这种其实是所有银行安全保障的最佳措施就这样被废除了。

由于这个原因，英格兰银行停止用黄金兑付票据的时期——从 1797 年到 1819 年——被称为英格兰银行停兑期。由于英格兰银行在那个时期不需要，也没有法律强制约束以黄金兑付票据，因此这一时期又称为银行特许时期。“停兑”这个词是唯一可以用来恰当描述1797年政策的词语。皮特没有说英格兰银行不需要以铸币的形式兑付票据，他只是“限制”英格兰银行这样做，认为不必非这样做。

结果，从1797年到1844年（1844年诞生了一个新纪元）不存在对英格兰银行董事的适当警告。他们打心眼里喜欢在英格兰银行工作，相较那些有兑付焦虑的普通银行来说，他们有一种油然而生的优越感。这是一种很自然的感受。一家发行银行，却不需要以黄金形式兑付票据，怎能不具有吸引力；它可以随心所欲地借贷，随心所欲地发行，却不存在对自己造成的伤害的畏惧，根本不存在实质意义的监控，完全凭自己喜好处理业务。在将近1/4个世纪里，英格兰银行就是这样的银行，在那个期间里，它不会陷入任何困境。那么自然地，公众思想也处于道德败坏阶段，从1797年以来，公众抱有政府在英格兰银行有需要时可随时提供救助的预期。虽然我们对1844年法案在1847年、1857年和1866年的几次暂停事件不进行充分探讨，但是无须争论的是这些事件产生的众多影响之一就是使民众认为政府在英格兰银行陷入绝境之时，总会为其提供帮助。于是，一种本应经过检验的预期，就这样变成了现实。

因此，财政大臣在我们的货币市场中扮演了多重角色，他给货币市场注入了大量存款，他创造了货币市场，同时也是他使货币市场道德败坏。因此，他不能对货币市场置之不顾，也不能降低对它的责任。他必须通过配置其资产来缓解恐慌，而不是强化恐慌。他必须帮助英格兰银行承担其应有的责任，而不是妨碍或者阻止它。

财政大臣的救助也许是最有效的。在金融方面，他是英国民众观点最恰当的代言人。我们希望英格兰银行能够受该舆论指导。在一个正常的银行体系下，我们主要依赖利己主义，但是国家阻止这种利己主义；我们现在依赖公众舆论；对于英格兰银行的董事来说，公众的支持是一种奖励，而公众的反对则是一种严重惩罚，当然，对于他们来说，若想寻找一位最可靠的支持者，那么财政大臣是最合适的人选。

第五章

伦巴第街货币价值模式的确立

似乎存在这样一种共识，英格兰银行在确定纸币价值方面具有特殊权力。人们发现英格兰银行会不时地变动其最小贴现利率，而其他所有银行会以英格兰银行利率作为风向标，并采取跟随行动，同时根据英格兰银行的收费标准来制定本行的收费标准。那么为什么会出现这种现象呢？正如经济学家曾教给我们的："货币是一种商品，也仅是一种商品。"那么为什么金融货币价值的形成机制如此特别，与其他所有商品的价值确定方式不同呢？

实际上这个问题不难理解。货币价值的形成机制和其他任何商品一样，是通过供给和需求来决定的，只是形式不同而已。

对于其他商品而言，价格由主要交易商决定：他们互报低价，以此来压低买入价格，然后试图垄断该商品来维持高价出售。最后在这两个价格之间确定商品价格，这个过程被亚当·斯密称为市场的讨价还价。这是最简单和自然的商业模式，但并不是唯一的商业模式。如果商业环境使交易足够便利，那么其他交易也将采用这种模式。通常占有最大份额的交易者——尤其当他成为最大的交易商时——具有价格的决定权，无论其他交易商以低于该交易商制定的价格抛售商品，还是提供更高的报价。只要对某商品占有相当可观数量的交易者制定了最低价格，并顽固地坚持该价格，那么只有该交易商能够对该商品的价格产生至关重要的影响。这就是伦巴第街确定货币价值的方式。在该领域，英格兰银行曾经占据主导地位，同时目前仍旧是最有影响力的资金交易方。它制定最低价格，并在该价格上自顾自地对其储备进行配置①，而该行配置资金的方式常常对其他交易商产生影响，结果是其他交易商制定的价格要么与英格兰银行一样，要么就与英格兰银行制定的价格非常接近。

原因很明了。在金融市场运行平稳时期，伦巴第街并没有足够的资金为所有票据提供贴现，除非能够从英格兰银行搞到资金。当银行的利率确定后，大量需要为票据贴现的人就会试图以低于英格

---

① 在这方面，英格兰银行的做法发生了改变。在其自己客户的交易方面，其公布利率并不是它现有的最低利率。对于那些愿意在它这里开立唯一账户的，或者在任何时候都将本金放于其账户的，它会按照或者差不多按照市场利率予以贴现。

兰银行的贴现价格去进行贴现活动。但是想要以非常低的价格进行贴现，也很难成功，退一步讲，如果他们能将此事办成，那么意味着每个人都会放弃银行，同时外部市场会拥有比其能够承受数额更多数量的票据。

实际上，当英格兰银行在该过程初露端倪时就发现了这个问题，并发现自身的业务量开始缩水，于是英格兰银行开始降低利率，以此来保障自己占有合理份额的业务，同时维持适当比例的存款可使用。在荷兰拍卖市场，拍卖的标的价格或者最高定价一般由卖方确定，并在出价后不断降价直到找到买方。伦巴第街确定资金的价值也是同样的方式，不同点是金融市场拍卖的标的价格不是由所有卖方确定的，而是由唯一的对其供应起关键作用的卖方确定的。

英格兰银行对金融市场拥有控制权，并可随心所欲地制定贴现利率，这个共识形成的时间可以追溯至1844年之前，当时该银行可以随心所欲地发行大量票据。但是即使在当时，这种约定俗成的观点也是错误的。一家具有票据发行垄断权的银行在金融市场里具有很大的即时权力，却不具备永恒权力：它可以在任何特殊时刻影响贴现利率，但是它不能影响平均利率。原因是银行任意而为导致的资金瞬时减少，也将创造一种瞬时的、同等比例的上涨趋势，因此在平均值方面，价值没有改变。

这一理论比较难理解，那么我们通过一个具体的实例来消化理论并探究结果。如果一家具有票据发行垄断权力的银行突然贷出

（假设的）多于平常水平的资金，比如 2 000 000 英镑，它引起了同等比例的贸易增加和价格上涨。那些借入这笔 2 000 000 英镑资金的人可以不借用这笔资金而锁定该资金；他们借用这笔资金，以市场的语言，来“进行市场运作”，也就是说他们试图用这笔钱进行购买行为；这种购买的企图——新的需求——就会使价格上涨。价格上涨会带来两种结果。第一，它使其他人都想借入资金。若资金不充足，并不能实现想买就能买，那么在同样的交易上面，经营者需要花费更多的资金，如果铁路股票今年比去年上涨了 10%，借入资金的投机者今年与去年相比，就必须多借入 10% 的资金，结果就是贷款需求的增加。第二，这是一个有效的需求，因为铁路股票价格的上涨也促成了那些希望在这上面借到更多资金的人真的去贷入更多资金。通常的做法是，借出一定比例的这类证券的市场价值，如果这部分价值持续上涨，那么与其相关联的贷款数量也会跟着增加。因此，以这种方式，任何人为的货币价值的减少都会引起资金需求的增加，直到恢复至自然水平的价值。这个原理经过了所有商业的检验：亢奋的市场将很快变成一个供不应求的市场，这些富于进取精神的人在亢奋的市场氛围里相当乐观，一旦他们尝到了不同寻常的甜头，就会放大自己得到的这种好处，并将选择持续投机直到他们想要的比可以获得的更多。

这两种方式均导致瞬时贷款量的提高，虽然他们可能据此临时调低了货币价值，但这种货币价值的降低却不能持续，因为他们也做好了对冲准备。不论发行的票据是否能兑换成铸币，他们都会这样做。在“银行停兑”期间——从1797年到1819年，英格兰银行并不能完全控制金融市场，其影响力仅比1819年之后强一些，当时它被迫以铸币形式兑付票据。在可转换票据方面，存在作用于同一方向的第三个效应，而且该效应能更加迅速地发挥作用。一国价格水平的增长，将对进口产生促进作用，因为其他国家通过对该国的出口可以获取更多价值；与此同时，价格上涨将会抑制出口，一位从事国际贸易的商人原本在涨价前可以通过国内外的价差赢利，而该利润可能被上涨的价格全部给吃掉。进口的扩张将增加该国的债务，但是出口的缩减，以正常方式应付的债务部分也同样减少，以弥补一部分出口导致的债务增长。上述活动产生的结果是，需要以黄金支付的余额变得更大；银行储备减少，如果想减少黄金流出，银行就必须提高利率。那么，制造的紧张程度经常强于或者等于之前反常的宽松。

因此，没有理由相信货币价值是由不同因素决定的，与其他商品价值的影响因素有任何不同，或者说在该领域，英格兰银行并不具有十足的话语权。它仅拥有持有巨额资金的权力，仅此而已。即使在以前，当英格兰银行握有的货币权力更强大而其对手还较弱小的时候，英格兰银行也没有达到完全的控制力。它只是一家简单的大型交易公司，提供报价，并因此很大程度地影响了——当然绝无强迫的意味——其他交易方。

虽然货币价值的确定方式并无例外，但想用一个特性来概括其本质也很困难。货币是一种易发生大幅价值波动的商品，那些波动很容易通过一次数量上轻微的过量或者不足而产生。达到一定的点，货币成了必需品。如果商人接受明天满足其货币需求，他一定会发现今天的货币价格与明天是不同的。正是由于整个商人阶层对货币存在如饥似渴的需求，使得货币价值得以野蛮积累，并最终达到恐慌的程度。另一方面，货币很容易成为一种“滞销品”，如该词所述，很快就会充斥大量金钱。可接受证券的数量是受限的，也不能快速增长；如果寻找这些可接受证券的货币多于可贷于此的货币，货币的价值将很快下降。你可能经常在市场上听到这样的言论：找不到可持有的票据了——当然是指优质票据，当你听到这些时，可以肯定货币的价值已经非常低了。

如果货币全部被其原所有者持有，或者被那些不为其支付利息的银行持有，那么货币价值的下跌就不会太快。用市场术语来说，货币会被“有效地持有”。所有者没有一定要利用资金的需求压力；他们可能在一个较高的利率水平上使用一部分资金，而不会在较低的利率水平上使用全部资金。但是在伦巴第街，大量资金掌握在那些需要为其支付利息的人手中，因为他们需要为其持有的资金支付一大笔钱，所以这些人必须要将全部或接近全部资金利用起来，如果他们不能充分利用手中资金，又不能获取更多资金来维持现状，那么他们很快就会毁灭。这些人不关心在何种利率水平下来利用手中的资金：他们通过压低吸收资金所支付的利率水平来同比例地降低其利用资金时所要求的利率水平。对他们来说，最重要的一点是在某个利率水平上利用资金。如果你持有（在伦巴第街，有些人确实如此）他人数百万的资金，且需要为其支付利息，用最简单的算术都能发现，不论你需要支付的利息金额有多高或有多低，如果你不利用这些资金，你将很快自取灭亡。

因此，货币价值的波动远超大多数商品的波动。有时，存在贷入过量资金的压力，有时，又存在贷出过量资金的压力，因此价格也不得不上下波动。

这些考量使我们能够估计英格兰银行肩上的责任，这些责任通过我们的银行体系施加于英格兰银行，也通过某些将黄金或者可兑换成黄金的法定货币储备存放在英格兰银行的银行施加于英格兰银行肩上。这些银行没有永久控制货币价值的能力，但是它们能够完全控制其瞬时价值。它们不能改变平均价值，但是能够决定瞬时价值与平均价值的偏差。如果主导性银行运营失误，利率可能会一度高得离谱，又在某个时刻低得过分：起初，会存在恶性的刺激，接下来就是致命的崩盘。但是如果它们运营良好，利率就不会偏离平均利率太多；既不会上升得过高也不会下降得过低。直到一切都稳定下来，货币价值也会稳定下来，最后可能交易也稳定下来——引起周期性波动的那些资本将会从中撤离。

第六章

伦巴第街长期表现迟钝，而短期异常亢奋的原因

任何突发性的对大量现金的实际需求都将引发资金节约型国家的恐慌，尤其是在应支付债务需求巨大的时期。在这样的国家，维持大量的信用有赖于少量的现金储备，对于该储备任何非预期的大量减少很容易导致信用的破坏，甚至信用被破坏得七零八落。这样偶然的事件具有最丰富的背后逻辑：一次不好的收成，一次外国势力入侵的恐慌，或者赢得普遍信任的某超级公司突然破产，等等，许多类似的事件都将导致对现金既突然又大量的需求。有些学者会试图通过特殊、偶然等属性来给恐慌分类。然而，我不认为这种做法有

什么意义和实际效用，因为我们信用系统因遭受不同类别意外事件而导致的结果几乎不存在差异。我们需要为各种恐慌做好准备，准备方式也都相同——维持大量的现金储备。

需要特别强调的是，我们的工业组织不仅会受到毫无规律可循的外部意外事件的影响，也会受到各种有规律的内部变化的影响。这些变化使我们的信用系统在某些时候较其他时期更加敏感；这种敏感的季节性周期循环也创造了一个新的概念，即恐慌来临的时间是有固定规律可循的——差不多每隔十年，我们会遭遇一次恐慌。

对金融市场有兴趣的人们，在对其进行深入探讨时都会感到困惑。他们听了太多关于“好时期”和“坏时期”的说法，他们知道在“好”的时期里，几乎每个人都处境良好，而在“坏”的时期，几乎每个人的处境都相当艰难。那么大家自然会产生这样的疑问：为什么每个人或者几乎每个人能够“同时”处境良好呢？为什么会存在工商业的产业潮汐，潮起时带来了大量的广泛分布的利润，而在潮落时，引发大量的广泛分布的利润损失？这些问题从普通的政治经济学书籍中很难找到清晰的答案。这些书不会告诉你在好时候，从日常利润中可以获取大量的资金，也不会告诉你同样的这笔资金为什么在不好的时候却得不到。

我们现有的政治经济学并没有充分考虑时间要素在交易合作中发挥的作用；但是一旦社会明确分工，有两个法则立即变得重要起来，其中时间成为非常关键的因素。这两个法则是：

第一，当生产出来的物品用于交换时，交换速率越快越好。

第二，各生产者主要从事他人需要而非自己想要的产品的生产时，若生产者可以轻松寻找到那些购买他能够生产的物品的人，那么进行上述活动能够不费力、不延期，也不存在不确定性，进而处于一种理想状态。

对这些原则无须赘述。每个人都承认所有待售货物在准备好被出售时，能够立即被卖掉是有利的；每个求职的人在其做好准备的时候，能够立即找到工作也是很好的。同样明显的道理是，当社会“分工”被真正确立的时候，按照准则进行运转很困难。比如 A 生产出他认为 B 需要的东西，但是这可能是个误解，B 并不需要它。或者对于 B 的需求产品，A 虽然有生产能力和生产意愿，但是 A 可能找不到 B——A 根本就不知道 B 在哪里。

这些理论也是很好理解的，但是其产生的极其重要的影响却不那么容易发现。总之，在交易活跃时期、大繁荣时期，及相反的贸易停滞和大衰退时期，这些规则产生的效应是完全不同的，需要注意的是，此处提及的繁荣和衰退是真实的而不是幻觉。一旦条件成熟，每个人都知道为谁工作，应该生产什么，同时他也能马上得到自己需要的产品。在整个社会里不存在闲余劳动力和疲弱的资本，那么我们将看到的社会场景是，所有能被生产的都被生产出来，人类工业效率不断提高，各类生产者——无论资本家还是劳动者——都比平常更加富裕，他们分到的蛋糕将比之前大得多。

同时，产业领域也存在合作。没有哪类大型产业的萧条不对其他产业造成伤害，更不用说任何产业巨头的影响了。在繁荣时期，每个产业都在大量购买和消费（数量无疑是超级多的）其他产业的产出品，如果产业 A 破产或者陷入困境，一直为其供应产品的产业 B、C、D 将不能销售它们依赖于 A 的需求而生产出来的产品，在未来，它们可能会一直无所事事直到 A 恢复过来，因为 A 的违约，可能就没人会购买上游产品制造的商品。那么如果产业 B 从 C 和 D 那里购买，B 遭遇困境会对 C 和 D 造成影响，以及影响后者从 E 和 F 的购买，这种消极影响将在全产业链中蔓延。从某种意义上来说，它还会反弹。Z 能够感受到由于 A、B 和 C 消费的减少而影响了需求，Z 也因此赚得少了；结果是，Z 在对 A、B 和 C 在产品安排上减少了，同样也减少了 Z 的收入。在所有过程中，金钱不过是个工具。同样的事情在物物交易中也会发生，实际上一国水平的大规模物物交易是不可能发生的，还需要考虑所需时间和周折方面的问题。如前所述，基本的原理是在一个系统里每个人都依赖于其他人的劳动，个人的损失将以几何级数的速度蔓延至所有人；若交换的模式良好且有效，那么也将以几何级数很快地蔓延到之前完美的分工系统。任何一笔大宗交易衰败产生总效应前，均需要经历一段时间，这就是时滞性。而这种衰败的结束，也需要通过各种各样的产业来传导和反馈。所以，短期调整在被我们感知到之前就结束了。只有在持续的、重大的萧条情况下，因其作用因素的时间足够长，才能产生可被感知的效应。

举一个最普通的例子，也是迄今为止最重要的——衰退的农业贸易引起了其他所有产业的衰退。当全球农业处于困境时，食物变得很贵。由于人们完全必需品的消费数量不能大幅减少，那么在粮食方面的花费就需要增加一笔额外的费用，这样将导致其他物品的消费大量减少。所有的产业，A、B、C、D，一直到Z都或多或少受到谷物价格上涨的影响，受影响最深的主要群体是那些生产这些在正常时期被其他阶层消费的产品的劳动者。成衣贸易马上会感受到差异，酒类贸易（英国收入的重要来源）也马上会有同样的感受。尤其是当最近两三年的收成都不佳的时候，谷物价格长期居高不下，每个产业都穷困潦倒，几乎每个人都变穷了，也使其他人更穷了。消费的减少，导致所有贸易缩水，巨额资本闲置，出现大量闲散劳动力和生产整体不景气。

酝酿这种超级灾难一般需要两到三年时间，从中复苏也需要两到三年的时间。如果谷物长期价格低迷，劳动阶层就需要在其所需物品上花费更多。那么这类物品的生产者就开始变富，购买力增强。他们一方面会利用该购买力，另一方面也将创造其交易对象的购买力，这样整个社会的购买力均会增强。整个工业机器积累了最大能量，就像之前其衰落到最低点一样。

任何一个重要产业遭受巨大灾难都会产生同样的效果，但是这些产业劳动力工资花费需要的财富远比其他所有工业劳动力的工资花费重要得多，因为他们的行为将更加迅速地对大量购买者发挥作用。根据一般原理，如果有个完美的分工，那么每个产业都会完美地繁荣起来，以支撑每个人都能够完美地获得分工。因此，我们知道，无论是理论还是经验都表明，工商业从其自然发展的开端，会经历持续、稳定和均衡的发展阶段，会经历不可避免的快速扩张时期，同样也会经历难以避免的紧缩和萧条时期。

当然这也不是现代工业社会的唯一可变要素。信用——人与人之间的信任程度——也处于异常的变化中。在英国，每一场大的灾难过后，大家都互相怀疑；一旦灾难被遗忘，每个人又重新信赖他人。在欧洲大陆上，存在一个激烈的争论，即信用是否能被称为“资本”：在英国，哪怕是对抽象经济的一丁点注意现在都不存在了，对待改善这类问题的态度，没人投入丝毫关心；真正的关键在于，用M.希瓦利埃的话说，信用是一种“添加剂”，或者是补充剂，也就是说，当信用良好的时候，生产力效率很高，而当信用变差，生产力就没有那么有效率。按照之前的两个准则，那么国家的信用也将受到影响。当国家信用良好，货物存在手里的时间会低于信用劣质的时期，销售迅速，中间商很容易筹措资金以扩大贸易，因此更多货物能够迅捷且便利地从生产者转移到消费者手中。

上述两个变量才是触发实质性繁荣的关键。满足变量条件将增加贸易和生产，显然带来的结果是有益的，除非不小心生产了错误的产品，或者不小心搞错授信，一个不能生产任何他人需要的物品却得到他人劳动成果的人，将会产生自己能够生产别人需要的物品的错觉。但是存在另外一个可变因素，在表面上看来，其效果或许远超真正的繁荣，因此在现实生活中，人们常常将其同真正的繁荣相混淆。

一般性推断都对资本利息的微妙性考虑不足，实际上资本利息这个概念并没有被普遍接受。确实，从目前的普及程度来看，许多国家的大多数存款者都会拒绝资本利息这种方式。在很多国家，大部分储蓄都是以贮藏的铸币形式被持有着。亚洲、非洲、南美，甚至欧洲大部分地方，储蓄都是直接以铸币形式沉淀下来，如果不让资金的持有者以这种方式进行储蓄，人们会感到恐惧。而一个英国人——前提是一个现代的英国人，他处理储蓄的方式则截然不同，他将选择“将自己的资金储蓄于安全的地方，同时会获得 5% 的收益”[①]；然而在很多国家，大量普通的储蓄者都害怕“把他们的金钱存放”在其他地方。在他们的头脑里，认为资金放哪里都不安全。确实，在这些国家，人们若想指望不靠谱的政府或者衰退的工业，自然没有什么投资能够保证资金的真正安全。在这些国家里，人们普遍对放弃利息这码事心甘情愿，毫无怨言；但是在一些较发达的国家，则有时存在截然相反的现象，即存在更多寻找投资的储蓄而不是已知的投资去寻找储蓄；当然这些较发达国家也存在没有更多冗余资金的时期。麦考利勋爵曾对这一资本过量时期有过十分生动的描述。他说：“在王朝复辟[②]和大革命期间，国家的财富迅速增长。许多辛勤劳碌的人发现，在每个圣诞节除去年度家用开销之外，他们手中的资金仍然有盈余，而在之前的年份，其年度家用开支正好与年度收入相当。那么，他们将如何利用这笔余钱，就成了难题。如今，我们当然知道可以利用这笔余钱进行投资，并要求收

① 4%~4.5% 的安全收益更能代表目前的理想情况。

② 王朝复辟，指 1660 年斯图亚特王朝复辟，查理二世登基。

益率基本超过 3%，而这是几分钟就能搞完的事。然而在 17 世纪，一位律师、一位医生，或者一位退休的商人，他们存了几千块钱，如果希望把资金放到安全的地方并获得收益，这种念头将使他们遭遇很大的尴尬。三代人之前，在职业中积累了个人财富的人通常购买房地产，或者以抵押的方式将储蓄贷出。一个国家土地的数量是不变的，因此土地的价值已经大幅增长，但是这些土地价值的增长绝没有那些寻找投资机会的资本数量增长得快。太多人希望把金钱放在他们一个小时就能找到的地方，并寻找比房屋和土地更容易变现的某些投资种类。一个资本家可能通过抵押或者人身担保进行放贷；同时，资本家这种行为带来的结果是，他将承担损失利息和本金的巨大风险。一些股份制公司也是投资资本的良好出口，其中东印度公司最具吸引力，但是这类公司的股票需求是远大于供给的。因此，那些很难有机会将储蓄投资在优质票据的人呼吁成立一家新的东印度公司。但因为寻找良好的投资机会是如此困难，因此人们才普遍选择贮藏铸币来进行储蓄。我们知道蒲柏的父亲，那位著名诗人的父亲，在英国资产阶级革命时期从伦敦的金融商业区退休，从英国撤退时携带一个装有大概 20 000 英镑的保险箱，并不时拿出来用以支付家庭支出。这个鲜活的例子并不是个案。在我们这个时代，私人贮藏的铸币数量是非常小的，这些铸币对流通产生不了丝毫可被察觉的影响。但是，在威廉三世统治的早期，所有关于通货方面的最伟大学者都持有相同观点，即有相当可观数量的金银被藏于暗屉内或者壁板后面。

“这种状态自然而然将导致一大群精明又荒唐，诚实而不失狡诈的商业精英忙于筹备如何利用过剩资本的方案。在1688年，伦敦出现了‘投机商’这个词。在短短的4年时间里涌现了一大批公司，每家公司都很自信地向认股人抛出收益丰厚的诱饵，这些公司包括保险公司、纸品公司、丝绸公司、珍珠水产公司、玻璃瓶公司、明矾公司、布莱斯煤炭公司、刀锋公司。有一家挂毯公司声称可以迅速为所有客厅提供中等档次的漂亮挂饰，同时也可以迅速为所有卧室提供更高档次的挂饰。还有一家铜金属公司，计划勘探英国的矿山，并雄心勃勃地期望它可以证明其价值不比波托西矿山差。一家潜水公司，着手进行从遭遇海难的船只中带回珍贵的财物，并且宣称它已经贮存了一堆极好的装备，比如全套的盔甲。在头盔的前部有一个巨大的玻璃假眼有点像独眼巨人库克罗普斯，在顶部有一根管子来输送空气。整个过程在泰晤士河展出。一些富有教养的绅士和女士受邀参加这个展览，并受到了细致周到的盛情款待，当看到潜水员们穿着全副盔甲潜入河底，并带着一些旧铁器和船只用具满载而归时，大家表现得十分兴奋。还有一家格陵兰渔业公司，他们在将荷兰捕鲸者和鲱鱼船驱逐出北部海洋方面从没有失败过。一家制革公司，承诺供应的皮革质量优于从土耳其和俄国进口的最好的皮革。一家教育机构，宣称社会应具有这样的责任，即能够给人们提供初级的自由的受教育机会，并将自己包装成皇家学院公司。在其一则浮夸的广告里，它宣称皇家学院公司的管理层雇用了每个学科分支领域最好的大师级老师，并将以每张20先令的价格发行 20 000 张资格券。这就好像是彩票抽奖——2 000 个奖项将被开出，中奖者将得到学习的机会，并将在该公司学习如拉丁语、希腊语、希伯来语、法语、西班牙语、圆锥曲线学、三角几何学、纹章学、涂漆、防御工事、记账及弹奏琵琶的艺术。”

恐慌事件逐步淡出人们的记忆，直到麦考利勋爵再次提起这段往事。然而，实际上，南海泡沫事件已经被永远铭记，其形式与前文提到的情形是一样的，只不过它显得更加浮夸。处于狂热中的公司鼓吹能够提供各类产品及服务，比如：“从爱尔兰海岸打捞起失事船只上的物件、提供马匹和其他牲口（200 万头）的保险、提供服务员损失保险、制造淡盐水、为私生子建造医院、为对付海盗建造坚船、从葵花子中榨油、改善麦芽酒品质、恢复水手工资、从铅矿石中提取银、将水银转化为易塑形的优质金属、利用沥青煤制造铁、从西班牙进口大量杰克驴、从事假发贸易、给猪增肥、研制永动机。上述这些还不是最古怪的，更奇特的是‘从事一种不可预期的投机’。每一个认购者支付两个几尼（英国旧时金币名），就可以收到面值 100 几尼的该公开项目的股票，由于邀约极具诱惑，以至于一个上午就完成了 1 000 份这样的认购，但发起人在当天下午就卷款而逃。”在 1825 年，对公司进行的投机活动几乎是野蛮的，直到 1866 年左右，这种投机方面的狂热才逐渐退去，没有愈演愈烈。结果就是，拥有储蓄的人们没有找到足以满足他们日常投资种类和数量的投资渠道，从而纷纷涌向各种从表面上看起来很好的承诺，这些华而不实的投资承诺将给予投资者很高的收益，于是投资者向其投入的资金就越来越多，但是大家很快抛弃了这种投资方式。出现了其他满足投资需求的投资形式，即通过卖出能够产生利息的本金来获得巨额收益。那么这样的销售就如击鼓传花游戏，只要有人接棒继续投资，那么对该投资形式的热度就始终不会减弱，直到这种刺激不再能够建立投资者的市场信心时，就意味着市场崩盘。

只要储蓄还被其所有者掌握着，这些投机活动中的危险性赌博，几乎完全是过度投资累积造成的。其对国家的一般性贸易产生的影响很小。储蓄所有者太分散并且离市场太远，因此他们不能改变主要的商业交易。然而一旦将这些储蓄存入银行，则会产生相当广泛的影响。银行直接参与商业活动，给优质商业证券提供贷款；同时它们希望获得一大笔资金用以给这类证券提供贷款。因此当委托给银行的资金量相当巨大，并且持续时间相当长时，那么随着时间的推移，该国的一般贸易将发生改变。因此，银行每日给商人贷款的准备越来越充分，贷款资金越来越多，商人生产出的商品越来越受欢迎，价格总水平会持续上涨。

当信用状态改善时，价格上涨的速度是最快的。一般物价几乎由批发交易商决定，而零售交易商会在批发价格上增加一个百分点，当然，零售商的加价也并不一定都相同，一个百分点只是一种通常做法。因此如果已知大部分物品的批发价格，那么通常我们就可以知道商品的零售价格。目前批发交易通常不使用现金，而使用票据。由于贸易惯例不同，这些票据的期限也是不同的，有两月期、三月期，还有票据的期限是六个星期。一个良好的信用期限意味着在这一时期，人们持有票据的流转速度很快；一个劣质的信用期限意味着在该时期，大部分票据都不被信任，只有很少的票据能够参与流转。在信用良好的时期，会存在很多具有很强购买力的人；在信用劣质时期，购买力严重不足，购买能力疲软。因此，在信用改善期间，如果不存在其他干扰因素，该时期也是价格上涨时期，反之亦然，信用衰退期也对应着价格下降时期。

这也就是我们常说的“英国人具有很强的忍耐力，唯独无法忍受 2% 的利率”，也就是说这些重要的因素虽然能够产生深远影响，但其涉及范围也仅限于英国人，是英国所特有的景象；几乎只有英国人才会将超过投资需求的过量资金储蓄在银行里；英国，也只有英国，可以利用储蓄对国家贸易施加相当的影响力；在这里，也只有在这里，价格受到资金的冲击且深受其影响。在这样的条件下，持续较长时期的低利率，等同于一次十足的贵金属贬值。在杰文斯教授的著作中，所展现的关于发现黄金的巨大影响力，是迄今为止我认为首次对该问题有深刻揭示的论断，在合理判断永久性贬值之前，消除黄金价值的临时变动是十分必要的。杰文斯教授同时证明了在早些年间（1847 年和 1857 年）都出现了一般价格水平上涨，而在这些年之后的几年内，一般价格水平都经历了大幅下降的现象。同样的规律在 1866 年前后也有所表现，对此他做了必要的修正。

现阶段，我们有一个更加经典的案例，该案例出现在《经济学人》1871 年 12 月 30 日的文章中，在此，我对此进行全文引用：

商品价格水平的大幅上涨

大多数人意识到国家的交易处于异常活跃的状态下。所有日常调查——税收状况、银行票据交换所的数据、进出口贸易利润都十分清楚地表明了这一点。但是我们认为，对现阶段最典型的特征考虑不足，同时对其结果没有进行充分的检验。该特征是在过去的一年里，大部分主要商品交易价格大幅上涨。本文列举的物品清单可以让我们对此一探究竟，包括最一流的贸易商品，虽然其价格上升这一现象可能并非放之四海皆准，但是可以观察到商品价格上涨仍是极其显著和普遍的。

而最显著的例子是：

		1 月份			12 月份		
		英镑	先令	便士	英镑	先令	便士
羊毛（南部丘陵）	每包	13	0	0	21	15	0
棉花（高地普通）	每磅	0	0	7.25	0	0	8.375
40 号走锭纱（C 级）	每磅	0	1	1.5	0	1	2.5
铁条（英国产）	每吨	7	2	6	8	17	6
生猪	每吨	2	13	3	3	16	0
铅	每吨	18	7	6	19	2	6
锡	每吨	137	0	0	157	0	0
铜片	每吨	75	10	0	95	0	0
小麦（公报平均）	每夸特	2	12	0	2	15	8

在其他例子中，价格上涨情况较价格下降情况发生得更加频繁。

这种价格的普遍上升一定由两个因素导致：第一，文中所引用物品供应的减少；第二，对文中引用物品需求的增加。在某些案例中，毫无疑问我们发现存在供给不足。以羊毛为例，家庭养殖绵羊数量的减少对价格产生了很大影响：

1869 年家养绵羊数量为	29 538 000 只；
1871 年家养绵羊数量为	27 133 000 只；
减少的家养绵羊数量为	2 405 000 只；

绵羊数量减少比例 8.1%。

同时在其他物品的例子中，存在类似的现象。若考虑社会整体的商品供应，根据进口数量统计发现，社会整体商品供应量非但没有下降，反而增加了。贸易委员会的报表以最引人注目的方式证明了上述观察结果，后面我们将分析一些具体重要商品的案例。因此，价格的上涨必须依赖于需求的增加，那么问题来了，需求又受到哪些因素的影响呢？

我们认为需求取决于三种因素的综合作用：低成本的资金（利息低）、便宜的谷物和信用的增强。作为首要前提，乍看之下，会认为价格的普遍上涨依赖于贵金属的贬值。然而，许多争议性结论在经过论证后，发现其影响力远不及当初认为的那般显著。虽然在价格普遍上涨期间，确实能够发现显著的货币购买力下降，然而这种下降并不是普遍的、永久的，而是局部的、暂时的。贵金属的特性是在超长期，其价值依赖于市场上的数量变化。从长期来看，贵金属的价值同其他商品一样，取决于其进入市场的成本。但从短期来看，市场供给调节价格，而一国的供给是极其多变的。1866 年的商业危机过后，有两个主要影响因素：第一个影响因素，我们催讨外债。我们要求这些外债以货币的形式进行偿还，而不接受商品形式的偿还。对该事件的分析采取抓大放小的方法，即分析主要影响因素，忽略作用非常小的影响因素。英格兰银行的黄金储备，在 1866 年 5 月是 13 156 000 英镑，而在 1867 年 1 月上升到 19 413 000 英镑，增幅超过 6 000 000 英镑。接着，第二个影响因素，其作用方向与前一个因素相同。在萧条时期，该国储蓄的增长速度快于其配置速度。持有储蓄的个人不知道该如何处理这些增加的储蓄。这些新增的未被利用的资金意味着资金过量，过量的资金直到用于投资或者其他方面，否则其仅会以现金的形式存在，例如，农民售卖小麦，农民“以货物（小麦）的形式”持有 100 英镑变成了持有 100 英镑的现金，或者是类似的等价物，他会一直持有它，直到发现一些其他有利可图的利用资金的方式。也许他会将这笔资金存入银行，这种做法可以使资金发挥更大作用。如果他在银行存入 3 000 000 英镑的铸币，并且银行只需要维持 1 000 000 英镑作为储备，那么剩下的 2 000 000 英镑就是自由的，就会导致那一时期同等数量铸币的增加。上述现象遵循这个规律，即所有新增的未利用储蓄既需要贵金属储备的增加，又需要通过银行运作来提高贵金属的利用效率。换句话说，在一个国家产业只有储蓄和没有投资阶段，我们积累黄金，并增加黄金的利用效率。如果这样的储蓄时期同时又伴随着外国信用的减少和外国债务的召回期，那么该国实际黄金数量将面临巨幅增长。从国外召回了以往资金，而一些新的储蓄创造了新的资金。在新旧资金的共同作用下，自然将引起一般价格的上涨，与此同时，也将面临大范围货币购买力水平的下降。

在这个方面，至少直至目前，金融市场历史上没有出现特例。在1847年和1857年的恐慌之后，均可观察到上述现象的出现。当然这类现象的发生也存在其他引致因素，其作用方向与其他影响因素保持一致，该因素对现阶段的作用更加显著；该因素是外国货币数量，尤其是当前外国政府存放在伦敦的资金。没有哪国政府能够像现在的德国政府一样，对英国的金融市场具有如此大的影响力。原因主要有两个：在战争期间，英国是最佳的外国资金庇护所，这使伦敦在此时期的资金较其他时期更加便宜；在战争结束之后，英国成为最便利的支付地点，也成为最便利的贮存资金的地方，这些因素都导致英国的资金越发便宜。本应由许多先决条件决定的商业模式起因，当不存在先决效用条件时，反而成为由政治因素引发的结果。

在资金充沛的情况下，货币仍然有追逐高价的趋势，虽然产生较高价格是一个自然趋势，然而将资金本身作为产生高价的动能是不足的。在我们讨论的例子中，为了降低价格，不仅需要具备闲置资金这个条件，同时也需要存在一个合理的利用闲置资金的模式。为了更好地理解这个问题，有必要再次强调资金的来源。这笔资金来自人们的储蓄，并且只能用于持有者认为最适合的投资，而不能用于纯支出；若资金用于纯支出，则违背了投资的基本属性。需要有新的需求利用新资金，否则新资金的注入不会引起价格的提高。若不存在新需求，那么资金常常会闲置于银行。此时，冷清的交易和低迷的价格并存的现象会十分普遍。

这种情况下的需求，将是所有方式中最有效率的一种，在1867年及1868年上半年，谷物价格昂贵，正如下面数据显示的：

小麦平均价格

	先令	便士		先令	便士
1866年12月	60	3	1867年10月	66	6
1867年1月	61	4	1867年11月	69	5
1867年2月	60	10	1867年12月	67	4
1867年3月	59	9	1868年1月	70	3
1867年4月	61	6	1868年2月	73	0
1867年5月	64	8	1868年3月	73	0
1867年6月	65	4	1868年4月	73	3
1867年7月	65	0	1868年5月	73	9
1867年8月	67	8	1868年6月	67	11
1867年9月	62	8	1868年7月	65	5

从 1868 年 7 月起，小麦价格开始下降，在整个 1869 年和 1870 年，小麦的价格持续低迷。小麦价格的低迷对各工业部门都产生了巨大影响。工人阶级因可以用更低的价格消费食物，他们就能有更多余钱去进行其他方面的消费。结果，几乎所有贸易部门都存在一种温和的需求增长。这样的增长常常引起设备贸易的巨额增长，即应用于各商业分支的有关机器和设备方面的贸易，及这类机器和设备原材料方面的增长。以钢铁业为例：

	吨	吨
1869 年出口数额	2 568 000	
1870 年出口数额	2 716 000	
合计		5 284 000
1867 年出口数额	1 882 000	
1868 年出口数额	1 944 000	
合计		3 826 000
增加额		1 458 000

这也就是说，谷物低廉的价格，为其他部门产品创造了许多新需求；各式各样的钢铁需要被大量生产，因此也有各类钢铁被出口。于是，出现了滚雪球效应。钢铁制造业受到激励，所有从事这项制造工作的人享受到了良好的待遇，更多资金被用于消费，而各类消费本身又带动了其他制造业的发展，循环往复，需求不断增加；各行各业在接受新增需求的同时，进一

步带动了相互依赖而又非常不同的其他产业。

可以肯定的是，本年度谷物的价格从未如此便宜过。即使它的价格比目前价格要贵，它也不会立即对之前谷物廉价时期创造的巨额贸易产生抑制作用。“这个雪球在1869年和1870年开始滚动”，那时巨大的新增需求创造了某些贸易的繁荣，并将该繁荣蔓延至所有贸易中。长期持续较高的商品价格将产生不利影响；它将导致某些产业贸易量缩水，并将这种影响逐步蔓延至所有贸易中。但是对于一个类似今年的价格轻微的上涨幅度，其影响效力就不会有多大。

当廉价谷物与廉价资金共存时，就具备了一次涉及面广泛的全面物价上涨的条件。投资资金有了新的投资渠道。开立票据的数量更多、量级更大，通过银行代理和票据贴现，该国大量的储蓄投资于此类票据，进一步带动了新的需求和新的资金投资渠道，如此一来，自然就出现了之前数据显示的显著价格上涨现象。

信用的恢复对价格上涨也具有推动作用。这不需要进行长篇累牍的解释，信用恢复将对购买产生较大的刺激，并使价格大幅上涨。从1866年开始，尽管信用恢复的速度缓慢，但是信用开始逐步向良性发展，并趋向于合理水平。也就是说，我们将信任给予了本应信任的人，既不存在过分的狂热（即误信了本不应相信的），也不存在信用的不足。

上述过程是普遍的运行规律。银行不会冒险将手中的可贷资金投资给任何初创产业，它们常常选择一些已经有成长前景或者发展状况趋向良好的产业。资金的使用可以进一步促进产业发展，而其他产业也随之被带动起来。在工业不景气时期资本可能面临长期被闲置的状态，因为优质商业证券在这一时期没有增加，因此经验丰富的银行根本不会考虑投资其他证券，更不会持有劣质证券。

在整个工商业产业链进行扩张的重要时期，有三个因素产生叠加效应，共同发挥着至关重要的作用，即大量的可贷资本、良好的信用，及从有效利用的劳动和资本中获取的利润增长。虽然每种因素均可独自产生某种效应，但上述三种影响因素常常同时出现，一定存在某种经济规律来解释这种现象。如果以萧条时期作为起点，三种因素均趋向于共同成长。在萧条时期，信用很差，工业停滞；粮食价格居高不下，而粮食昂贵的价格正是导致该时期经济变差的原因之一。一旦进入萧条时期，不论可贷资金数量的多寡，可贷资金很快将出现过剩。人们只能选择静待时机，将其收入继续储蓄起来；由于在萧条时期资本价格较低，因此获取固定收入比可变收入更易储蓄。死气沉沉的贸易不能提供新的可供储蓄投资的证券，因此将迅速出现大量可贷资金过剩现象。在危机过后还需要一两年的时间，信用才会逐步改善，同时人们对于危机时信用受损等灾难的记忆越来越模糊。粮食价格回归正常水平，一些重要产业因某些临时诱导因素而步入快速上升期。通常，在这样的时期，上面提到的三个因素对促进贸易的发展各自发挥了重要作用，其合力也对贸易的发展产生了叠加效应。

这样发展下去，结果一定是国家经济触底反弹，并逐渐步入繁荣期；国家经济像被无形之手牵引，愈加繁荣起来。但是解释这类繁荣，需要具体情况具体分析，不可一概而论。只要新的繁荣期以更高生产力水平为基础，产销对路，即每种商品满足需求的速度不断提升，那么基础就是良性的。人力资源产业更加有效，因此也有更多的物品供人们分配。但是迄今为止，繁荣以价格水平的普遍上涨为基础仅是一种假设。价格水平的普遍上涨仅是一种名义上的上涨；不论大家从该物品中得到什么，在他购买该商品时，已经为此付出过成本。价格水平普遍上涨能够产生的真实效果如下：第一，它使赚取固定收入的人变得贫穷，作为购买者，他们需要为价格上涨买单，却没有获得与价格上涨保持一致的收入；第二，在价格上涨之前，它给固定资本提供了超额利润。这里销售者获取收益，却没有遭受作为购买者的等值损失。第三，这种固定资本上的最高收益将出现在那些所谓的工业“用具”产业中，比如煤炭和钢铁。所有工业中都需要这些用具，因此在任何一次价格水平的普遍上涨中，这些产品较其他物品而言，其价格上涨也更为突出。由于每个人都需要上述产品，同时这些产品的供应量很难大幅度提高，因此其价格上涨最快。若将国家作为整体考虑，价格水平的普遍上涨却不是件好事，它仅意味着同样商品的相对价值的简单变化。尽管大部分人都乐见其成，他们会认为自己变得富有了，但实际上，他们并没有更富有。由于价格上涨并不是在同一时间里作用于所有物品上，而是逐步扩散到整个社会，因此价格上涨最先传导至的那群人才真正获利了。在价格上涨的初期，每个人都相信自己将获益，尤其当他自己的物品价格上涨的时候，这个时候，整个商界洋溢着一种价格上涨的乐观氛围。

这类的繁荣一旦产生，将是非常危险的，任何虚假的繁荣都是暂时性的。生产的增加才是真实繁荣的原因。真实繁荣依赖于整个工业架构（即所有资本家和劳动者）的满负荷工作；这种繁荣是由满负荷劳动引起的，所以也会因其停止。若某重量级产业遭受某种巨大打击，那么满负荷劳动的良好状况也很难持续下去。如前所述，有赖于此的产业可能遭受灾难，并将其完全传递至社会并接受社会的反作用，最终整个产业和社会将陷入恶性循环。每个这样的产业都易于遭受严重波动的冲击，最重要的是粮食产业，在这方面最易遭受严重的突发性波动的冲击。粮食产业相当依赖季节性周期。某次歉收的独立事件会扩散至全世界，而接下来两到三年间的歉收，哪怕只发生在英国本土，都会大幅提高世界的谷物价格，并使价格维持在高点。一次大型的长期的谷物价格上涨冲击会立即破坏在好时期积累的不同寻常的实体经济的繁荣。它将使工业化机械的满负荷运载变为有缺陷的运载，在这个时期，设备产量低于日常产量，生产者获取的一般收益将少于平均水平。

如果所见的繁荣是异常丰富的可贷资本及随后的价格上涨引起的，那这仅是一种虚假繁荣，这种繁荣不仅容易遭受反作用的冲击，同时会直接暴露在反作用面前，根本没有缓冲带。积累这种虚假繁荣的动因，在经过稍长时间的运转后，将积蓄同等程度的灾难。其发展的过程是：大量的可贷资金引起了价格上涨，而上涨的价格使其能够吸引更多的可贷资本来承担同等规模贸易的运营。显然，100 000 英镑在价格上涨时不能够购买在价格处于低位时的同样多的东西，尤其在运营商业的时候，这笔资金未必有效；使同一商品发生任何变化，比如采购原材料、增加产出等，在物价昂贵时期付出的资金一定高于物价低廉时期。即使假设贸易维持不变，在这样的价格上涨之后，也需要较涨价前更多的资本才能运营同等贸易。但是贸易并不会维持不变，它必定会达到某种程度的增长，甚至是一种很高的程度。这笔“可贷资本”的借贷过程引起了价格上涨，其贷出行为也引起了资本的增长。这些闲置在银行的可贷资金若发觉某些贸易有逐渐繁荣发展的趋势，那么这笔资金将被贷出以发展该贸易；随后，该贸易带动了其他附属贸易的发展，而那些附属贸易的发展将促进更多可贷资本的借贷，以至于最初的那笔贷款刺激了很多贸易的发展，进而作用于整个社会。

结果是，长期连续的低利率几乎总是伴随着利率的快速上涨。直到投资于有利可图的交易中，否则资本一直处于闲置状态，根本不会产生借贷活动。当然，也存在部分从不发生借贷活动的资金。但是当有利可图的交易被发现的时刻——彼时价格已经上涨，可贷资本变得炙手可热。大部分情况下，商人一定遵循交易规则，即如果其付出 10% 的利率成本才能拥有足额资金以满足其业务运转要求的话，那么商人一定会按照 10% 的利率水平贷入更多资金。随之而来的是，商人必须承担相应的债务，即使他们所需支付的利率水平并无太大差异。任何在他们承受范围内的借贷条款，他们都能接受并按要求进行兑付；他们不能承受承兑汇票被拒付的打击，因此价格水平可能被确定在任何一点。上述是比较极端的例子，通常情况下，商人拥有固定资本，除非投资曾经遭遇较大损失，否则商人不会让这笔资金闲置；如果可能的话，有一系列的劳动者结合在一起；与消费者具有稳定的联系，这点对于商人尤其重要。拥有上述条件，商人就会参与借贷；在价格昂贵时期，大部分商人都会变本加厉进行借贷行为，因为他们交易物品价格的上涨，让其真正发现，或者幻想自己发现了特殊的赢利机会。大规模的新增借贷将伴随着新兴大型贸易而出现，利率价格立马上扬，并且实现普遍的快速上涨。

这种事情无疑会在伦巴第街上演，如前所述，伦巴第街是一个异常敏感的市场。在那里，银行和票据经纪商以一定利息持有大量必须善加利用，否则会导致其破产的资金。他们期望降低其应该支付的利率水平，并据此来补偿其承担的成本，而不会在其未能利用所有资金的情况下，维持其应付利率。对于银行家和票据经纪商来说，非常重要的一点是，他们需要利用其有利息支付需求的所有资金，一丁点的资金过量都会大幅压低利率。但是如果那个本应刺激贸易大发展的低利率水平确实起到了这个作用或者发挥了间接推动的作用，那么贸易的增长将会是迅猛的。数百万英镑的可贷资本可能影响亿万英镑的贸易规模。英国商业的借款需求激增常常将超过需求的过量可贷资本的现状转化为或许远低于需求的资本短缺。这种不足将引致衰退，至少是表面的衰退，类似之前提到的，过量的资本以同样的方式，引起贸易繁荣或者表面的贸易繁荣一样。资本不足引起的衰退将导致蔓延至整个社会的价格的下跌；而价格下跌将影响整体商业的活跃程度和利润下降——痛苦的紧缩周期开启，替代了之前令人愉快的扩张周期。

这种变化一旦出现苗头，一般都会迅速蔓延，因为信用在更早阶段被检验。如果在价格上涨期间没有出现严重的打击，只能说这回比较幸运。在这样的虚假繁荣存续期间，自然而然会激发人们乐观、高涨的情绪，他们幻想着所见的繁荣将一直持续，并且目前仅是一场更加繁荣的开端。大家将高估自己交易物品的需求，及其衍生需求。他们用尽全力和才智进行着过量的工作，远超目前商业容量应有的程度。每一场大的危机均能暴露很多家庭参与了过度投机，而在危机来临之前，根本没人对这种过度投机的行为提出异议。这种状态一直持续到人们全部被日常价格的上涨和周边的狂热所驱使，于是爆发了普遍的过度投机行为。

当面临大的商业热潮时，存在着某种更加古老和简单的投资狂热混合物。虽然银行手中掌握着储蓄者的资金，虽然银行通过为储蓄的资本提供利息，保持了对大量资金的控制权，然而银行并不能掌握全部资金的控制权，哪怕是掌握相当大一部分资金的控制权都很难实现，所有的资金能且仅能由其拥有者进行配置。资金拥有者将金钱投入泡沫公司和无价值的股票中，就像他们曾经在南海泡沫时期的投资一样，彼时英国并没有银行，而此时在英国，这些资金拥有者也当银行不存在，完全由自己进行资金的配置。1825年和1866年的两次投机狂热案例正是对上述理论的最好诠释。这两年的案例能够最大程度体现出在现代社会十分罕见的，古老的赌徒式狂热与现代过量交易的结合。在灾难初期，充斥着赌徒式狂热的交易者和大量的公司股份被创造出来以填补投机者的贪婪。当狂热退去，人们将发现投机品根本没有价值，一切都在下跌，同时与之相伴的还有大量信用的丧失。

在经济运行良好时期，过高的价格常常会导致欺诈行为。任何人在其高兴过头的时候都是容易轻信的；人们创造了更多的金钱，当然确实有些人具备创造更多资金的能力，于是大多数普通人都认为自己真的可以创造资金，进而精心策划的谎言就具备了良好的沃土。几乎每件事都会被人们相信那么一点，而在这些欺诈行为被发现之前的较长时间里，那些最坏的和最熟练的骗子已经使出各种手段逃脱了法律和地域的惩罚范围。但是这些骗子造成的伤害却继续在社会上蔓延，同时进一步削弱了信用。

当我们了解伦巴第街易于遭受不利冲击而引起严重反应时，我们就不会讶异其表面上的循环周期，当遭遇突然恐慌时我们也不会过分惊讶。在受到不利冲击和遭遇灾难时，哪怕是繁荣的最后一瞬间，整个商业组织都是脆弱的。银行系统的特殊本质是一种人与人之间史无前例的信任；当这种信任被隐匿的因素削弱时，一场很小的意外可能会对信用造成很大的伤害，一场短暂的较大的意外可能几乎会摧毁信用体系。

现在我们对伦巴第街难以避免的兴衰历史有了一定了解，同时我们也能够完全理解持续维持高额银行储备的基本的重要性。不论我们是否做好准备应对恐慌和衰退时期，我们都需要拥有大量的银行储备，这一条件的重要程度远超其他任何条件。如果储备很多，其量级可以支持信用；但如果储备很少，将会导致最严重的恐慌。如果我们能更好地理解银行储备的重要性，我们就会给予那些担负起维持储备责任的银行更高的评价。

第七章

对英格兰银行赖以维持良好储备职责并保持管理有效的模式解释

一

之前各章使我们理解了英格兰银行承担银行储备责任的重要性。

如果我们想知道英格兰银行是怎样肩负起这项重要责任的，我们首先应该对三件事有深刻的认识：第一，如前所述，英格兰银行从未通过任何公司行为或者授权声明承认拥有这项责任，有些管理者甚至还会否认这项职责；第二（该点更加明确），没有任何议会的决议，没有任何议会委员会的报告（至少在我知道的范围内没有），也不记得有哪位具备相关责任的政治家的演讲，将这份职责分配或者强加于英格兰银行身上；第三（这点仍然非常明显），我们最高的权威机构经常露骨地表达，其没有给英格兰银行的业务部门强加任何种类的公共职责。也就是说，出于银行业务目的考虑，英格兰银行仅是一家同其他任何银行一样的股份制银行而已；其经理人应该仅关注所有者的利益和自身红利；其经营英格兰银行的方式与经营伦敦威斯敏斯特银行或者股份制银行的那些经理人并无本质差别。

起初，乍看这些内容，我们会觉得非常奇怪，如此重要的职责没有被强制实行，没有被承认，而是被否认了。我们对此进行了如下解释。我们仍旧处于一个遗留问题残存的状态中，虽然我们处理问题的思维不同，结果不同，但是我们仍旧在利用旧有体系的语言。对于英格兰银行公共职责存在强烈争议的存续时间已经超过 50 年——从 1793 年到 1844 年。英格兰银行被称为纸币通货的“管理者”，从这个方面考虑，大多数人认为我们从这样的管理模式中获益匪浅；也有些人认为这种做法产生了巨大伤害；还有些人认为这样做既不会产生益处同时也不会产生害处。在此期间，就该问题，一直存在激烈争论。但这项争论因 1844 年法案而终结。该法案规定通货实行自我管理，整个流程都是自发的。英格兰银行显然不再管理——甚至不能够称其为管理——通货。自然地，同时也是轻率地，曾经分配给英格兰银行的这项公共责任的最后枷锁被打破，人们认定英格兰银行不再具备承担这项责任的职责。

英格兰银行负担该责任具有完全不确定性，而1866年发生恐慌时，英格兰银行的管理者自己说的那些话，就是对这种不确定性的最好例证。我们应当铭记那一年的恐慌，与以往爆发的各次恐慌情形恰恰相反，1866年春，人们对于英格兰银行所有者即将召开的9月份大会的主要议题，进行了一次十分重要的讨论，本文将给出一段文字来介绍此事。[①] 所有讨论均为该领域相当有分量的实质性内容，因此在《经济学人》中有这样的描述：

关于英格兰银行所有者最新会议的重大影响

英格兰银行的所有者最新会议具有异乎寻常的重要性。这里并不是对上次危机的历史进行探究，那也没什么意义。明年将举行议会委员会的会议，从现在起到会议召开时间内，除非有什么特殊的事情在该期间发生，否则这场会议就是对时间的巨大浪费。商人具有敏锐的嗅觉，但却健忘，他们在来年的2月就不会再关心去年5月发生的事情，就像他们目前对待1864年10月发生的事情一样。没有人真的会为一次形而上的调查费脑筋，了解每个人真实所想也没有什么意义，结果也许比不去调查更糟糕。在这些条件下，不论是过去还是现在，英格兰银行行长的官方声明是我们唯一可信的了解该行管理者政

① 参考附录一中注释D。

策的途径。当我们仔细检查程序的时候，我们会发现其中包含了重大因素。

议会委员会会议可能考虑承认或者认可英格兰银行作为国家的唯一银行储备银行的事实。现在我们已经不会将这个问题与国家发行票据发生混淆了，也不会与应该有更多票据发行者还是单一票据发行者的问题混淆。我们不是在探讨通货储备问题，而是银行储备——相对于存款所持有的储备，而不是相对于票据的储备。在这些专题中我们常常坚持认为英格兰银行事实上确实维持了实际的单一储备——这笔资金可以看成国家唯一的且数量相当可观的大量闲置现金，但就此观点并未达成一致意见。手握重权的当权者也不愿意承认这个问题。实际上，他们并未就此问题给出过任何正式的清晰的声明。如果他们这样做了，意味着他们必须指出英格兰银行里存在另外的未被使用的巨额现金储备，然而他们并没有发现这类库存。于是，他们试图对此进行区别——宣称该信条有些夸张，即英格兰银行维持国家单一银行储备“并不是存放这笔钱的好办法”，该信条被误读了。

但是最近的这次会议对于该结果是一个完全的承认。英格兰银行行长说：

“在最近的几个月里，英格兰银行及整个伦敦银行系统将承受巨大压力。我认为有权这样说，在如此异常艰难的时期，不论英格兰银行还是整个银行体系，都应该注重名誉，体面地履行自己的职责。银行业是非常特殊的业务，它如此依赖于信用，就像已经发生的，哪怕遭遇一丁点质疑都可能毁掉银行业一整年的收益。在伦敦普遍建立银行业务的模式在过去半年的大多数时候，无疑给大家提供了一个最令人满意的例证，即伦敦银行业务所遵循原则是稳健的。英格兰银行已经尽其最大努力来应对危机，其表现无疑是非常成功的。我们没有逃避职责。当风暴来临时，在早晨，大家都知道奥弗伦公司倒闭的时候，我们处于稳健的、健康的状态，就像建立任何银行业所该有的状态一样，在那一天，及接下来的整个星期里，我们为那些很难获得授信的款项提供贷款。我不认为大家能够事先在最短的时间内预计到英格兰银行所承受的这笔贷款规模之巨大。公众满脑子充斥着某种程度的预警，在特殊时期，这没什么好稀奇的，人们会要求从英格兰银行获取贷款，实际上，他们应该直接去找财政大臣请求政府赋予英格兰银行发行票据的数量超过法定数额的权力，而我们认为在此时有必要采取这样的手段。然而，我们在获得这样的权力之前就必须采取挽救行动，可能当在财政大臣着手赋予我们特权的同时，英格兰银行已经将自身一半的储备都提供给了贷款，于是银行储备毫无疑问地降低至我们并不愿看到和接受的数额。但是我们不能逃避职责，那份我们假设施加于自己身上来支持银行业务生态，同时向英格兰银行要求合法救助的请求也从未被拒绝。每位带着充足抵押品来到此处的绅士都可以自由地办理业务；如果贷款不能完全满足需求，也没有哪位持有合适抵押品的人不能从英格兰银行得到救助，人们也因英格兰银行的帮助而缓解了自己的财务状况。”

现在有种很露骨的说法是，英国其他的银行不需要维持任何自己掌控的银行储备——任何的实际现金数额——和英格兰银行票据，而这些现金和票据的储备可能帮助它们渡过一场突如其来的恐慌期。这意味着英格兰银行具有“支持银行业务系统”的“职责”，英格兰银行既要承担本行的储备留存，同时需要为其他银行业务留存储备。

我们判断这种表达是最公正的，英格兰银行行长在公共场合几乎不会使用比上述更加有条理和清楚的说辞了。我们也更加精确地了解到维持银行储备的究竟是哪家机构。如果我们假设股份制银行和私人银行及乡村银行都维持各自的储备份额，不久前格莱斯顿先生在议会上也刚刚提到过银行系统应该各自维持储备，但是无论如何我们都清楚地知道维持银行储备的职责范畴究竟属于哪家机构。在我们一贯宣扬的立场上，我们相信应该由单一银行维持唯一的银行储备，这样反常的状态已经成为我们系统内无法撼动的既定事实，即使我们能够改变这种状况，我们也不再会这样做。最恐怖的是，对这种结果的状况认识不清，当然现在已经可以避免这种概念不清所导致的恶果。

英格兰银行这些声明的重要性愈加深远，因为在 1857 年恐慌之后，确切地说，英格兰银行已经不再使用相同的系统用语。一个热爱简洁表达的人最近谈到了“奥弗伦公司在1866年的破产打破了英格兰银行的原有观念，而由于1857年该公司并未破产，因此也没有使英格兰银行意识到中央银行应该在危机中承担救助商业银行的责任”。对这种说法不需要进行太精确的检验，只需要清晰认识到其中的本质原理——给奥弗伦提供大量贷款是1857年恐慌的主要事件。那时的票据经纪商跟现在的银行非常相像，他们突然需要不计其数的贷款的借款者，但是票据经纪商被告知不要再做类似的预期。但是市政议员奥尔德曼·所罗门，从伦敦银行家的角度考虑，说：“我希望抓住这次机会，我相信没有什么会让股份制银行的经理和股东更加满意的了，除了英格兰银行行长当天提供的有关引导其商业业务运营的方式是稳健的和值得尊敬的证据。显然，股份制银行和银行业普遍与英格兰银行保持步调一致的协同配合是必要的；我衷心地感谢英格兰银行行长在处理自己所指的股份制银行遭遇最近的金融危机时所采取的适当行动。”即英格兰银行同意在其他银行需要的情况下为其提供帮助，其他银行同业均同意向其寻求帮助。

英格兰银行最终同意，即便不是名义上，也是实际上不限制向任何申请者提供有适当担保的贷款。在目前的情况下，45 000 000英镑贷款在这3个月就发放了出去。同时，英格兰银行没有对商界或者银行进行过类似表达：“不要再来找我们了。我们已经帮助过你们一次了。请不要将我们已经提供的帮助视为开了先例。我们不会再帮助你们了。”相反地，事实和暗示均表明英格兰银行未来还将采取和现在一样的救助行动。

这篇文章没有受到英格兰银行大多数董事的欢迎，尤其是那些享有很高权威的管理者。他们认为,《经济学人》在文中进行了“轻率的推论”，该观点本身就“存在异议”。也就是说，与所有类似的观点都存在理论瑕疵，充其量仅是行长当天的观点表达，并没有接受董事会的授权，对英格兰银行没有约束力。然而，该观点至少发挥了这种作用——道出真相。所有管理者感到很难对英格兰银行行长的言论进行评论、限制或者提出异议。但是若是单纯攻击《经济学人》这家报纸，则不存在那么大的困难或者那么敏感。于是，汉基先生，一位老练的英格兰银行管理者，很快就抓住了评论的机会：

《经济学人》报纸提出的本国在货币或者银行业务的观点，在我看来是最有害的理论，即最适合英格兰银行的运行机制是在任何情况下都能保障资金的可获得性，以缓解那些自己资产不可得的银行家们的燃眉之急。这种言论有悖于银行业务所追求的营利性，问题是，若在伦敦的银行追求各种稳健性，其规模很难变得太大。因此我并不认为这种观点，即当伦敦的银行普遍需要救助的时候，它们依赖英格兰银行的救助是合乎情理的。

我认为英格兰银行将手持的银行业务存款（一般来说银行留存的现金储备为总存款额的1/3）投资于高收益的证券，是英格兰银行毋庸置疑的职责；或者在金融市场遭受突然压力的时候，不论导致压力的原因何在，银行都需要用其储备竭力救急。我乐于承认，有种观点普遍且长期盛行，即英格兰银行应该承担更多储备责任，但是我坦白我惊讶于《经济学人》也是这种观点的支持者。[①] 对于英格兰银行来说，满足这样紧急状况而留存大量资金不使用是否可行呢？我认为这是一个非常不明智的做法，同时这种做法根本行不通。由于之前在银行业或者商界出现危机的时刻，英格兰银行运用一切力量提供了各种广泛的救助，也正是英格兰银行曾经的做法鼓励了如此观点的滋生，而对此我只能表达我的遗憾。实际上，英格兰银行所做的事情同英国其他运营良好的银行所做的事情相似，英格兰银行和社会才能获得最大程度的利益。

我并非这场辩论的裁判员，但是我并不认为汉基先生对《经济学人》的观点进行了富有建设性的回应。

首先，我们需要明确这个问题与它应该是怎样的无关，而讨论的是它是什么。《经济学人》没有认为单一银行储备系统是一个好

① 参见1866年9月22日的《经济学人》。

系统，但单一银行储备系统是目前现实中实实在在存在的系统，并且以一种任何人无法改变的形式在运营着。

其次，汉基先生已经表达了，除英格兰银行以外，其他银行业务部门“应该维持一定数额的备用现金”是为应付恐慌时期的贷款问题所做的必要储备。这些贷款是必须的，也应该有人来进行这种准备。伦敦的银行没有进行这类的“储备”，它们在利用资金而不是让资金闲置于手中，这类资金是银行存款的一部分，也是贷款资金的一部分。

再次，通过公布的数据我们知道伦敦的股份制银行并没有留存相较其负债 1/3 比例的储备，或者任何类似 1/3 的“现金”——哪怕仅是其在英格兰银行的存款。股份制银行存款的 1/3，应该是 30 000 000 英镑，需要注意这里不包含私人银行部分；英格兰银行的私人存款是 18 000 000 英镑。根据汉基先生自己的论述，对比十分显著。毫无疑问，股份制银行和私人银行维持同样类型的储备，而英格兰银行完全维持的是另一种类型的储备。汉基先生却认为两种不同类别的储备应该以同样的规则进行管理；退一步讲，就算可以采取同样的管理规则，那么他有必要就英格兰银行与其他银行的情况给予合理的解释说明。

最后，如前所述，在多数恐慌中，动用“银行储备”并不主要为银行提供贷款；消耗储备最多的通常是商界或者票据经纪商。重点是，以我们目前单一银行储备系统的现状来看，所有的外部压力都施加于英格兰银行。在 1866 年危机的最糟糕时期，即使是凭借最优质的担保和统一公债，人们也借不到哪怕 50 000 英镑的“新资金”，唯一能获取资金的地方，只有英格兰银行。

但是我们行文的目标不是翻过去的旧账，而是通过争议，进一步清晰地展示在这样背景下遗留的令人不满意和不确定的现状，这才是最重要的问题。汉基先生的言论是我们能够接触到的关于英格兰银行政策的最新解释。他是位经验丰富的专注的管理者，因此其观点或多或少地也表达出其他管理者的心声。为了更好地从其言论中探究一二，接下来先把 1866 年英格兰银行行长引人瞩目的演讲暂放一边，不去评论，当然英格兰银行行长的演讲（依据《经济学人》的判断）也是清晰的、卓越的。汉基先生的言论给我们留下一个问题：在下次恐慌来临时，英格兰银行将会采取什么样的措施，公众期望从英格兰银行获得的救助数量会是多少？他的表达太含糊其词。没有人能够给出“合理的份额”究竟有多少，同样我们也很难判断在将来某个时间能够有人说出“合理的份额”究竟有多少。理论和经验都表明，在恐慌中，银行最终储备（不论是一家还是多家银行）的持有者应该将资金借贷给那些可以带来迅速、自由、稳定的优质抵押品的借款者。只有采取这样的措施，才可以真正缓解恐慌；而采取其他任何措施的结果只能是进一步加剧恐慌。公众有权利知晓英格兰银行——我们最终银行储备的持有者——是否认可这项职责，并做好准备去履行这项职责，而这充满了不确定性。

我们以史为鉴，并检验英格兰银行董事们最终行为的结果，我们将发现其行为模式完全符合那种类型、性格和地位的人可能采取的行为方式。他们是一群露骨的、敏感的、想发财的英国商人；他们会做这类群体应该做的事情，同时根本不会去做那些该群体不该去做的事情。没人期望该群体在经济科学领域做出什么伟大成就；艰苦的研究是英国商人最不擅长的部分。我们也不应期望从银行业得到独创性观点，因为银行业务就是一项特殊的交易，同时从整体来说，英国的商人在这方面并没有经验。“董事会”很少能做出改进，因为董事会的决策取决于不计其数的普通股东的观点，这些人从不准备接受突然的改进。由一群诚实的、敏感的商人组成的董事会常常会依据它认为的“安全”原则来指导其自身行为，即在当时被当地的商界普遍接受的箴言——针对这种行为方式，英格兰银行的董事们表现得相当一致。

在他们最有权势的时候，他们的优势和劣势呈现出复杂的特性。在 1797 年现金支付被暂停后，英格兰银行的管理者可以发行任何他们想要发行的票据。当时的状况是不存在支票；这些票据在英格兰银行的支付期不会重新流行起来；就算存在过度发行的极大诱惑，对英格兰银行也没有建立现有的惩罚制度。但是英格兰银行的董事们经受住了诱惑，他们没有过量发行不能兑换的票据。这样做的结果是，在现金支付暂停后超过十年的时间里，英格兰银行票据没有遭遇贬值，另外在流通领域，与金价相比，英格兰银行发行的票据价值也没有贬损。虽然英格兰银行的董事们在最后一刻出现了一些错误，但是整体上说，他们表现得异常公正和克制。但是在 1810 年，当被问及这样做的理由时，他们的闲谈几乎成为经典。皮尔斯先生，当时英格兰银行的行长，说道：

> 考虑到这个问题，依据银行票据发行行为，为了供应必需的银行票据而将出现相应折价的结果，因此纸币的发行数量被控制而不可能发行过量的票据，我不清楚以黄金储备做担保的纸币发行是怎样控制数量的，包括国家外汇，因此我仅发表一些私人看法，黄金价格或者国家外汇从来不能成为减少银行票据发行数量的原因，也不能够解释我之前描述的控制能力。
>
> 那么英格兰银行的行长与副行长就此问题，观点是否一致呢？
>
> 惠特莫尔先生：我持有完全相同的观点，在我们提供贷款的那些日子里，我从不认为谈论金价或者国家外汇是必需的。
>
> （在您谈及的这两种环境下，您会控制贷款总量吗？）我并未发表有关贷款总量的观点，考虑到它与此问题无关。

同时另一位银行管理者哈曼，在该方面表达了他的观点："如果我能够判断外汇将对纸币流通产生的任何影响的话，我一定会审慎地修改自己的观点。"

很少有人能够在如此简短的话语中犯下这么多的错误。

但是在那天，英格兰银行管理层犯了这么多错误却一点都不丢人。他们发言依据的是英国最棒的商业观念。伦敦城和下议院都支持他们所讲的；持有异议的人都被称为抽象的思想家或是缺乏实践经验的人。英格兰银行的管理者们接受了普遍的观点，并寻找在这个时代最正常的管理实践。正是这种“墨守成规”解释了其克制的行为。他们坚信只要他们发行“票据”的利率仅有5%，并且只接受优质票据的贴现，这些票据就不会贬值。同时只要这些“优质”票据——信誉良好的商人都知道这些票据是优质的——数量不会快速增长，同时若市场的利率总是低于5%，这些超额发行的票据就是有效的。如果他们在期限上发生违约，那么他们捍卫的理论将荡然无存；然而在相当一段时间内，他们的操作是强有力且卓越的。

然而，对于摆在我们面前的英格兰银行储备的管理问题，英格兰银行的董事们要么不熟悉应有的准则，要么并未置于审慎成规的保护下，他们从未努力去发现这些规则。对世界的抽象思考从来不是源自身处高位的人们；管理一流的这种流通交易是最有趣的商业行为，然而承担这些管理责任的人们很少思考这个领域的理论，即使这些思考与交易间的相关性非常强。毫无疑问，当个人财富处于危险时刻时，交易者的商业嗅觉变得异常灵敏，常常能够率先摸清状况。当董事会仅是履行公务或者涉及与其股东获利无关的事情时，它将完全丧失其商业嗅觉。在现金支付暂停期间——这个暂停持续了20年——所有针对现金储备的惯例都烟消云散了。在1819年之后，英格兰银行的管理层才不得不履行维持银行储备的职责，包括通货储备，而英格兰银行对履行这项职责，既未抱有浓厚的兴趣，也不存在可以参考的良性准则或是比较明智的惯例。

在这种情况下，英格兰银行的管理层将不可避免地犯下一些超级错误。第一次发生于1825年。在那一年，英格兰银行管理层允许其黄金储备降低至几乎接近警戒线水平：

1824年12月24日，英格兰银行的铸币及黄金储备为10 721 000英镑；

1825年12月25日，英格兰银行的铸币及黄金储备减少为1 260 000英镑。

同时，该结果造成的恐慌是十分巨大的，以至于在接近50年的时间里，大家对这次恐慌仍然记忆犹新。1837年9月发生了第二次比较大的错误，英格兰银行被迫从法兰西银行借款2 000 000英镑；甚至在此援助之后，英格兰银行的管理者允许他们的黄金储备减少至2 404 000英镑，当时黄金仍属于通货储备同时也是银行储备，以至于一场巨大恐慌在社会上蔓延，产生了一场十分激烈的大争论，并最终诞生了1844年法案。接下来的一场失误发生在1847年，那时英格兰银行允许其银行储备（现在的法律已经能够清晰地定义）降低至1 176 000英镑，最终引发了强烈的恐慌，并导致当时政府执政者发出一项许可，允许英格兰银行在需要时，打破新的法律，可以用充足的通货储备补充空虚的银行储备。直到1857年，英国金融市场弥漫着一种异乎寻常的平静气氛，就在当年的秋季，英格兰银行的管理层允许银行储备再度减少，即便在10月份其银行储备规模已经非常小了：

10 月 10 日	4 024 000 英镑
10 月 17 日	3 217 000 英镑
10 月 24 日	3 485 000 英镑
10 月 31 日	2 258 000 英镑
11 月 6 日	2 155 000 英镑
11 月 13 日	957 000 英镑

于是 1847 年政府给英格兰银行颁布的许可，不再是一纸空文，而被切实地利用起来。当天内阁授权英格兰银行动用通货储备以支持英格兰银行的银行储备，截至 11 月底英格兰银行已经借款数十万英镑。纵观历史，再没有比这更悲惨的事情了，即从 1825 年到 1857 年期间的所有季度，英格兰银行在维持良好银行储备方面，深陷失败的泥沼。

直至 1857 年，这方面才产生了一个伟大进步。通过这段痛苦的经历和持续不断的讨论，商人终于明白了维持大量银行储备的必要性，也理解了在英国银行系统独特的构架下，英格兰银行是唯一可以有效维持它的机构。我们已经知道，英格兰银行从未承认这项职责，该行的一些管理者，也矢口否认这项职责，而在发生重大事件时，英格兰银行又在履行着这项职责。英格兰银行的董事们，都是商界最富有经验和能力的商人，他们像其他商人一样对该问题认识清楚。从 1857 年开始，英格兰银行开始习惯性地维持储备，该储备数额并不充足，但已经处于一个合理水平，足以维持其良好的声誉，该储备与其过去的储备方面的经验相比，也是完全不同的。在某些时期，英格兰银行管理层的意识更加超前：他们明显地领先于公众的理解能力；

他们采用了一种提高利率的特殊模式，该模式的效果比其他任何模式都要显著。戈申先生在其关于外汇的书中有这样的观察：

> 由于在伦敦和巴黎两城市之间来回运送黄金的费用已经降至最低，因此伦敦和巴黎的汇率水平并无显著差异；但是也不要忘记——利率按年计算；当考虑一种三月期票据时，可能的利润被分为四个部分，因此费用的比例完全由一笔交易负担——一次很小的费用最后可能变成巨大的负担。也就是说，如果费用仅有 0.5%，那么要想进行一项有利可图的交易，必须保证年利润为 2%，或者是三个月的利率水平为 0.5%；因此，假设巴黎资本家们运送黄金到英国需要花费 0.5% 利率水平的费用，同时，他们将获得交易所的支持，即在不履约的情况下也无须承担任何成本，那么，在其决定将黄金运往英国之前，若不考虑获取更多利润的话，伦敦方面的支付水平一定是高于巴黎方面 2% 的年利率水平。

因此，戈申先生建议当提高利率是为了影响“外汇”水平时，英格兰银行最好将其利率提高 1 个百分点，并将这个标准作为规则确定下来。而英格兰银行自 1860 年起，均按此规则行事。[①] 而在

① 英格兰银行现在偶尔会大概移动调整 0.5 个百分点；但是经过对这个规则广泛的观察发现，当降低利率时，利率移动水平为 0.5% 是非常便利的，但是在提高利率方面，增加的利率应该在 1% 的水平。

此之前，他们增长利率的惯例为 0.5 个百分点，同时在商界中，他们也没有改变这项政策的驱动力，寻求改变并不是常态。在这样的惯例黏性下，英格兰银行对其政策进行了卓有成效的调整，而这个调整并不是从同时代的观点中提炼出来的，而是一种相当超前的思想。

改进政策产生了显著且迅速的有益结果。在 1862 年到 1865 年间，我们通过该政策承受住了外汇流出的压力，即为购买印度棉花，导致的黄金从欧洲流入印度。在 1864 年秋季，我们面临着一个极其危险的时刻；英格兰银行迅速地、有效地利用其新政策，维持了充足的储备，使国家免受灾难的侵袭，而在历史中，我们国家从未成功幸免过这类灾难。所有导致 1857 年恐慌的因素在 1864 年也发挥了同样的作用——1864 年，黄金流出，而前一年同等可比较数额远远超出 1857 年和之前所有年份的水平，然而在 1864 年，国家并未发生恐慌。英格兰银行几乎迅速采取了正确的措施而且收效良好，同时有效地维持了公众信心，而这些措施都是在严重危机的实践中摸索出来的。

在 1866 年，确实爆发了一场恐慌，但是我不认为英格兰银行应该因此受到指责。通过对那一时期的观察，我们发现英格兰银行维持了极其优质的备用金储备——储备维持在一个十分充足的水平，这个水平足以成功应付 1847 年和 1857 年的危机。在英国，最令人信赖的私人公司——奥弗伦 - 格尼公司，其业务的终止拉响了危机的警报，以一种异常突然、沉重并史无前例的方式拉开了危机的序幕。在1866年的恐慌中，1844年法案究竟发挥了什么作用？这是个问题，而针对这个问题，意见长期存在分歧；但是我认为大家普遍认可的观点是，在这项法律条款的作用下，英格兰银行的管理层在那年确实维持了一个合理且大量的银行业务部门的储备来满足非预期和令人痛苦的意外事件，而这笔储备的规模之大，超出所有人的想象。

从1866年到1870年，金融市场上存在一种几乎难以打破的平静。英格兰银行运营顺畅，同时也不具备太多的自由裁量权。金融市场实现自我管理。但在1870年，法兰西银行突然停止铸币支付，开启了一个新的纪元。[①] 对于英国金融市场来说，史无前例地，金银币的需求变得相当大，同时需求持续不断，因为英格兰的金融市场成为唯一的黄金市场。这种条件使得英格兰银行有必要持有一笔较以往更大规模的银行储备，同时也需要较过往加倍地警惕以免银行储备极具危险地突然降低。其间，该作用的力量较以往更加强大而迅猛，更需要有牢固的保护和可靠的密切关注。就这点而言，我并不认为英格兰银行给予的关注足够充分。显然，所有银行的监管机构均未注意到这一方面。那位我曾经提过的著名董事，汉基先生，在《泰晤士报》上发表了一封阐述详尽的信，再次声称有人持有这样的观点，即使在此期间，1/3的负债，即英格兰银行业务部门维持其负债比例1/3的储备是英格兰银行很充足的储备水平，同

① 法兰西银行在1878年1月1日恢复了铸币支付，在欧洲市场上存在三个黄金市场，即伦敦、巴黎和柏林的黄金市场。当然也有纽约市场。

时这部分储备并不包含银行用以维持“出口所需黄金”供给的业务部分。这种观点百害而无一利。我们的现状是，当英格兰银行的银行业务部门成为欧洲唯一的大型黄金储存地，且黄金随时可以立即实现兑付，那就应该维持一个较以往更大的储备水平。

除现有缺陷外，英格兰银行还存在一些因其具有重大缺陷的管理模式导致的政策方面的长期失误。

第一，英格兰银行行长的管理通常存在滞后性。他的角色有点类似银行内阁的首相，如此重要的职位面临新旧更替时，自然而然地，很多其他方面的东西会随之发生变化。如果行长很软弱，这种踯躅和犹豫会充斥于他整个任期。这种现象最常见的表现形式是英格兰银行不会充分地、果断地提高利率。无疑，事实当然是其提高了利率，最终，也采取了警报，但其行为不够果断和充分。尤其一位刚到新岗位就职的谨慎的人，并不喜欢使用强硬的手腕。银行管理者通常都是谨慎的人，而选拔这些管理者的程序则更加谨慎，于是选拔出来的管理者们更易于拖延和延期。通常由于拖延导致的紧迫将进一步加强事情的紧急程度。缺乏魄力的政策将导致本应流入银行的黄金从银行外流。而且采取及时的措施维持储备实际上比拖延的措施更为容易操作，但新任管理者很少能认识到这一点。

第二，那些缺陷更容易在一个弱势行长管理的整个时期持续下去。对于一位刚开始施加影响力或者新上任者来说，厌恶推翻已经确定的政策或采取鲁莽的行动，是情有可原的，然而，我们发现这种行为将在其整个任期内持续，这些缺陷是该管理者的固有特质，并将贯穿于其处理的整个事务过程。

第三，错误被强化，正如之前一再强调的，在银行储备管理方面并不存在充分的规则认知。魏格林先生，我们讨论的最后一位英格兰银行行长，称英格兰银行保持 1/4 ~ 1/3 的银行负债作为储备已经非常充足了。这个言论如果以现在社会为背景，我想没人会满意银行储备仅占负债的 1/4。我们曾经提到过的汉基先生，他认为英格兰银行储备目标应是基于负债“约 1/3”的比例；同时汉基先生从未发表过类似言论，即他所认为的 1/3 是否是英格兰银行从未触及的最低储备，或者是一个合理的平均数，储备将围绕此点波动，即时而超过该平均数，时而又不及该平均数。

在后面的章节中，本书将试图分析，基于当前银行负债的 1/3 水平绝不是银行业务部门的充足储备水平——甚至不是一个合理的最低点，其与合理的中值差距更大；除非英格兰银行目标是通过不同手段达到一个更高标准，否则英格兰银行将置自身于一个危险的位置，而公众也会因此陷于灾难。

二

如前所述，英格兰银行是一家被我们系统约束的银行，其不仅需要为应对恐慌时刻而维持良好的储备，同时也需要在恐慌来临时期，能够有效地使用该储备。银行储备的持有者，不论是一家还是多家，均有义务使用储备来保护自身安全。如果它们允许任何形式的信用毁灭，那结果一定是它们自身的毁灭。

然而对于英格兰银行来说，上述观点似乎并不成立。据称，英格兰银行能够置身于恐慌之外，同时也可以对其他银行和行业撒手不管。也就是说，当英格兰银行周遭的事物都受到恐慌的侵扰时，如果英格兰银行愿意，它可以屹立不倒，独善其身。在各种情况下，不论银行管理层内外，那些有影响力的人都持有这样的观点。上述观点的对错，我们很快将得到答案，尤其当我们准确地知道英格兰银行在恐慌中的定位后，将很容易判断在恐慌中，英格兰银行的行为是非常荒谬的。

持有这种极端观点的人认为在恐慌期间，英格兰银行能够在任何时候保持屹立不倒；虽然英格兰银行提供了大量贷款，但英格兰银行仍有可能拒绝提供更多贷款；虽然银行储备因已经发生的贷款而有所下降，但英格兰银行也可以阻止储备进一步下降：它能够拒绝任何贴现；也可以令那些已贴现的票据马上到期兑付；英格兰银行可以通过票据兑付来补充储备；它可以出售股票或者其他证券，并通过这种行为进一步补充储备。上述说法非常荒谬，甚至不值得认真反驳。如果银行储备突然降低，在恐慌中，根本没有办法使其再次升高。已经散出的资金在这样的时期是很难收回的；那些得到这笔资金的人将会紧紧攥着它——只有一种情况才会导致其不这样做，那就是他们确信在英格兰银行这里还可以得到其他资金。在这样的情况下，英格兰银行跟其他机构与个人一样很难得到资金补充，甚至可能更难。困难是：如果银行减少贴现，那些之前进行过贴现的票据持有者将不能实现兑付。参考之前的论述，英国贸易在很大程度上是通过借入资金实现的。如果大幅度减少借入资金数量，就好比推翻多米诺骨牌，将引发一连串的恶性连锁反应，除非能够从其他地方获取新的资金注入货币市场，以避免恶果。但是在恐慌时期，根本不可能有其他渠道获取新的资金了；每个持有金钱的人都会紧紧攥着它。想把那些借贷给商人的款项拿回来更是不容易；他们承受着巨额负债压力，根本不要幻想能从他们那里获得一个子儿，他们甚至幻想着他们这些债务可能被豁免。届时，银行甚至陷入了极大的恐惧中。在恐慌中，它们将不会贴现大量的新票据：它们专注于自身的债务及自己客户的债务，而并不关心其他人会如何。关于英格兰银行在恐慌时期会停止贴现及据此获取新鲜资本的想法只是个错觉。如果英格兰银行愿意，当然它可以停止贴现。但是它一旦这样做，将不再会获得新的资金；其票据业务将会日复一日地被那些“被退回的未承兑票据”堆满。

股票的销售也是如此。在恐慌期间，英格兰银行对此也无能为力。在这样的时期，英格兰银行是唯一的股票抵押贷款人，这些股票也仅能通过银行贷款进行大量购买。除非英格兰银行肯放贷，否则不会有股票能够被卖出。在该国内，不存在任何大笔的未利用资金等在那里去购买股票。如果有未被利用的资金，也是英格兰银行的银行业务部门的储备金；如果在恐慌中，该部门自己想去出售股票，这个错误将是荒谬的。它根本不可能售出什么。可能它都卖不出 50 英镑的价钱。有想法认为，在恐慌时期，英格兰银行能够通过上述方式或者其他任何方式，在其储备被允许清空或几乎接近清空时补充其储备，这种想法是非常荒谬的，根本站不住脚，同时恐怕在有些人的头脑中，仍旧残存这种极其荒谬的想法。

另一个关于英格兰银行独立性的更加合理的解释是，如果英格兰银行在恐慌一开始就停止发放贷款，拒绝超过平时哪怕一先令的贷款，而在打这场硬仗之前它拥有良好的银行储备，同时不因为额外的贷款而减少储备，那么英格兰银行一定是安全的。然而，这种观点虽然看起来更加理性和稳健，但实际上并不正确。1866年的恐慌是验证该观点的最好例证。众所周知，那场恐慌来得相当突然——由于奥弗伦的倒闭。就在此前，英格兰银行的储备是5 812 000英镑，结果，在后来，它贷出了13 000 000英镑的新资金，导致其储备降至一无所有，同时政府不得不提供救助。但如果英格兰银行不提供这些贷款，它能够继续维持自身储备吗？

当然不能。它根本不能保住自己的存款。因为英格兰银行的存款大部分来源于其他银行的存款，这些银行将不会同意帮助英格兰银行基于自保而采取的政策，也不会同意英格兰银行暂停对它们的支付，以此来保证英格兰银行的生存和运营其所有业务。它们将从英格兰银行提取自己的存款，不会让英格兰银行独善其身，因为那建立在它们自身毁灭的基础上。退一步讲，即使这些都不会发生，即使其他银行都愿意在其无法借贷时，将自身存款留在英格兰银行，它们也将很快发现它们不能这样做。它们只能在清算系统的援助下，维持其在英格兰银行的这些存款，一旦恐慌发展到一定程度，那个建立在信用之上的清算系统，也将会被恐惧所摧毁。

正常的商业交易是这样的。当A需要从B那里获得50 000英镑的时候，实际上，他们将不得不通过共同的银行以B持有的银行支票形式获得这笔资金，同时，这样的支付形式只能在银行间流转。它利用自己的信用给自己的银行支付该支票，而其银行将对同为支票背书的银行进行核实，如果这是一项他们之间交易的优质项目，那么当天下午就会完成一般清算或者结算。但是显然这是个极其脆弱的机制，并易于毁灭于恐慌之中。在第一阶段，A可能会对其债务人B说："我不接受你的支票，我只接受银行票据。"尤其当这笔债务是以证券的形式存在时，A很可能会提出这样的要求。在信用良好时期，通常做法是债权人接受债务人的支票，而放弃了证券形式。但是如果这些"证券"确实在困难时期发挥了很大作用，挽救了A的财产，那么A将不愿意放弃证券，而选择持有一些纸——那些存在兑付风险的支票。他将这样对债务人提出要求："如果你能够给我提供银行票据，我才能给你提供证券。"如果债权人一定这样要求，那么债务人也一定会去找自己的银行，并在其拥有同等资金金额的资产基础上开出50 000英镑的银行票据。但是如果对银行票据的需求规模很大，那么银行的"现金储备"很快将被耗竭；同时清算机构逐步被取代，它将不得不把机构存款存入英格兰银行；那时银行将需要在柜台前完成大规模的支付行为以至于它们不能在银行留存太多资金，即使它们希望把钱放在银行。届时它们将不得不取走每一笔存款，一个子儿都不会留。

清算机构的职能不复存在将进一步强化恐慌。迄今为止，英国在金融证券方面的最大规模交易在证券交易所每两个月进行一次，在那时，一定数量的证券将被换成支票，此时流经清算机构的支票数量是巨大的。如果这个系统崩溃，将产生不计其数的破产，每次破产都将累积可能导致崩溃程度的信任丧失。

英格兰银行的非银行客户将会同其他人一样不讲信用；他们的支票再不会被其他人接受；他们不得不提取现金，与此同时，银行储备将不足以支付哪怕很小一笔此类的现金需求。

结果将很快演变为：大批经纪人和交易商处于完成大额数量的兑付责任之下，在正常时期，他们通过交换一定的证券来获取这笔数额。正如我们刚刚提到的，如果 A 以国库券为抵押后向 B 借了 50 000 英镑，很可能他将不能支付 B，除非他能将这些票据售出或者抵押给其他人。显然，在未得到这些票据前，A 无法完成抵押或者出售这些证券；如果 B 在未获得 A 的资金之前不放弃这些证券，那么 A 将会破产，因为他不能履行支付。如果 B 找 C 来提供支付，B 则很有可能由于 A 的破产而破产，同理 D 会因为 C 的破产而破产……在到期日，没有清算机构，市场上将存在大量的证券，同时也会发生大量的破产。这些破产的影响可能将蔓延至所有银行，而英格兰银行受到的冲击将最为严重。

肯定有人持有这样的观点，即从英格兰银行的银行业务部门获取的资金将很快实现回流；借入资金的公众将不知道还有什么地方可以存款；也许这笔钱在早上被取出，晚上又被存回去。然而，上述观点对两方面的内容考虑不足。一方面，该观点需要假设银行业务部门有足够的资金来应付兑付需求；另一方面，一场威胁清算机构的巨大恐慌将很快在整个国家蔓延。因此这些从英格兰银行取出的资金将不会很快流回该行；资金不会在当天傍晚流回那家被取出资金的银行，也许很多天都不会；全国各地将普遍出现上述现象，尤其在那些有银行的地方，有贸易的地方，有负债的地方，有恐惧的地方。

即使在伦敦，如此集中的恐慌也将很快损害英格兰银行的银行业务信用。那个部门并没有积累很牢固的声誉。从其创立的 1844 年开始，就经历了三次失败。大家都会想象此前发生的失败在之后的日子还会重演；当他们拥有资金的时候，他们不会将其存入不能对自己进行偿付的机构。这个案例在之前的恐慌中并未发生过，因为我们目前在进行一个超前的思考。英格兰银行或多或少会起到帮助公众建立信心的作用，因为人们普遍认为政府将会救助该行。但若放弃之前采取的减缓警报的政策，那么警报时间将会延长，警报会进一步加强，直到它触及英格兰银行的银行业务部门自身。

我不认为它将触及发行部门。如果公众能够获得银行现金，他们将会非常满意。一般来说，若仅持有银行现金而并不将其存入银行，对公众来说将是一无所获没有收益的。但是对于英格兰银行，情况则有不同：它发行的票据即是法定货币。当然除了一些外国支付，英格兰银行票据的持有者总是能够利用法定货币清偿债务，而持有者对英格兰银行票据功能方面的要求也仅此而已。银行票据受到热捧，那么就可以被带往全国各地，显然这些票据并不足以满足全国各地的需求，因此银行业务部门会很快将手中的票据支付完成。

因此，可以确定英格兰银行在这个方面并没有特殊的权力；英格兰银行仅单纯处于一家保管全国储备的银行的位置；在恐慌时期，其行为模式与其他银行相似；同时在恐慌时期，英格兰银行业一定会动用储备自由地、积极地为公众提供贷款。

在能力范围内，英格兰银行提供的这些贷款，及在同样情况下其他银行提供的贷款，应该可以达到发放这些贷款的目的。最终结果是恐慌被遏制。因此，这些贷款的作用应该是用以遏制恐慌。为了达到这个目的，需要遵循两个规则。

第一，贷款应该且只能以高利率的方式发放。这种行为相当于令过分的胆怯支付一笔沉重的罚款，同时可以最大限度阻止那些不需要贷款的人对贷款资金的追逐。在恐慌的早期就应该提高利率水平，从而让应发放的贷款顺利落实，最大限度地用好银行储备。

第二，在这种利率水平下，贷款应该与优质的银行抵押担保相对应，同时与公众需求数额保持一致。原因很明显，贷款的作用就是消除恐慌，采取这种措施才能从根本上解决掉那些导致恐慌的因素。引发恐慌的起因主要是拒绝为优质抵押担保提供贷款。一旦发生这类行为，消息将迅速传遍整个金融市场，并立刻引起恐慌；根本无法查明究竟是谁在散布消息，而片刻之间，此事将被散布至各个角落，并进一步强化各处的恐慌。实际上并不是由于贷款不足导致的恐慌，但英格兰银行也确实因为贷款的原因而导致了最终的失败。在商业社会中，不良业务的数量仅占整个商业中极小一部分。当面临恐慌时，持有最终储备的一家或多家银行应该果断拒绝对不良票据或者不良抵押担保提供贷款，这样做反而有利于遏制恐慌的进一步蔓延；那些“信用不良”的人相对总人群数占比微乎其微，他们害怕自己看起来是害怕的，担心自己不够稳健的状态被发现。在恐慌中，主要应该受到保护的是那些“有良好信用”的人，这些人在总体中占比相当大，这些人可以提供优质担保。如果大家得知英格兰银行会自由地为那些在正常时期被评估为优质的抵押担保提供贷款，那么将会有力缓解有偿付能力的商人和银行的恐慌，因为这些优质担保在恐慌时期，仍旧可以正常抵押或交换。如果一旦优质的并可交换的抵押担保被银行拒绝提供贷款，无疑将制造恐慌，其他贷款状况也变得更糟，恐慌也会越来越严重。

可以这样说，针对这类贷款的全部需求，实际上银行业务部门的储备并不充足。一旦面临全部的贷款需求，那么银行的业务部门一定会倒闭。而贷款活动对于银行又相当重要，也是对付恐慌的最佳权宜之计。贷款能极大地延长资金流向的纵深，是战胜恐慌的利器，银行应该想尽办法促成贷款。我们已经知道，如果不提供贷款，将导致毁灭；制造大量贷款后一旦停止，也如我们所见，同样会导致毁灭。对于银行来说，唯一安全的办法就是采取大胆的措施，在恐慌中对各种类型的担保提供贷款，或者是为在通常状态下每种可贷事项提供贷款。这种政策也许不能解救英格兰银行；但是如果这种办法不能做到，也就没有办法可以做到了。

如果我们通过检验英格兰银行履行这些职责的行为，像我们之前发现的一样，目前英格兰银行业没有掌握正确的运行规则；其政策前后矛盾；虽然该政策较以往已经大大改进，但在某些重要细节方面仍有很大改进空间。

首先探讨发生在1825年的第一场恐慌。选择这个时间节点的第一个原因是，虽然1793年和1797年也发生过两次恐慌，但现代社会较当时已经发生了太多改变，因此不宜追溯过于遥远；第二个原因是，在1797年到1819年经历了长期的通货不可兑换期，那么现代社会较当时相比，需要解决的问题已经完全不同。在1825年的恐慌中，英格兰银行首次表现得不如其应该表现的那么聪明。它通过各种手段试图限制贷款。当时储备变得很少，它努力通过尽可能压缩贷款来维持储备水平，结果是经历了一段疯狂的和不可思议的暴力时期：大家不相信任何人；信用几乎完全崩溃；如赫斯基森先生描述的，这个国家在24小时内竟变成了易货交易状态。大家向政府寻求帮助，然而如我们已经知道的，当时政府拒绝有所作为，同时没有任何文献真实记录了当时的情况。也许可以通过威灵顿公爵与世界各地的“通信”，对事情原委一探究竟。公爵当时在圣彼德斯堡有项任务，R. 皮尔先生给他写了封信，以下是信的部分内容：

在另外一个问题上，我们处于一个非常不舒服的窘境中——政府发行国库券。似乎这座城市无条件支持国库券的发行，并以此来帮助商业和制造业摆脱困境，对此，我的许多朋友持反对意见。

支持国库券发行的措施确实在1793年和1811年取得了成功。但是现状与当年皮特先生所处环境完全不同。

支持国库券发行的理由看起来似乎具有很强的说服力，然而这种方法却是危险的，我们乐于见到这种行为被政府制止。

30 000 000英镑的国库券未被偿还。即使英格兰银行进行逆回购操作也很难维持其票面价值。如果按照计划，再次发行新的国库券——数额大约为5 000 000英镑——将会产生巨大危险，整个国库券都会贬值，并体现于支付收益中。如果新的国库券以不同于未偿付的债券利率发行——例如5个百分点，若利率不会升高，那么旧的国库券将很快遭到大幅贬值。若利率升高，为收益付费比例一定与利率升高幅度成正比。我们发现，英格兰银行具有为抵押品提供贷款的能力。除非英格兰银行能够为发行的国库券兑换现金，否则发行国库券可能毫无用处，因此任何情况下均需要英格兰银行的绝对干预，来引导效果发挥正向作用，同时增加流通手段。我们建议英格兰银行立即插手整个事务，依据抵押品发行自己的票据，而不是发行国库券，即便是国库券也需要建立在抵押品的基础上。

英格兰银行极其不情愿从这种相当尴尬的窘境中营救我们。

在这种情况下，英格兰银行的成功归功于其采纳了完全正确的规则。虽然英格兰银行很晚才采取了这些措施，但是英格兰银行一旦接受这些规则，就是全盘彻底的接受。依据前文引用的官方声明："英格兰银行的董事们通过各种可能方式贷出资金，并采取其从未采用的模式；他们利用股票抵押，购买国库券，发放国库券抵押贷款，他们不仅提供完全贴现，还发放大量的汇票抵押贷款——简单说，通过各种与银行安全性保持一致的方式。"因为在最后一刻，英格兰银行十分有魄力地完全采纳了上述政策，因此英格兰银行的管理层在当时获得了极高的赞誉，尽管在当时他们对这个领域的相关知识知之甚少；同时由于前期选择了不当政策，英格兰管理层也遭受了严重的谴责，尽管一开始不愿意执行政府的要求，之后又在与政府共同负责的情况下，最终采纳了新政策。

1825年到1847年间，金融市场运行良好，没有再次发生任何一场真正意义上的恐慌。虽然在1837年和1839年，市场上存在严重的危机，但并未引发大规模恐慌：两次都是在即将超出承受范围之前就被遏制住了。因此，英格兰银行的政策在恐慌最后阶段是否有效，并没有接受现实的考验。

1844年之后又经历过三次恐慌，分别是1847年、1857年和1866年，在上述年份中，英格兰银行的政策或多或少都受到了1844年法案的影响，鉴于本文研究的领域范畴，并不对此展开讨论。只谈两件与此相关的事情：第一，高高在上的英格兰银行董事们认为在恐慌的早期阶段，1844年法案并未帮助他们免于提供任何他们在那时已经提供的贷款。第二，在恐慌的最后阶段，无论正确与否，1844 年法案已经暂停；在该法案未暂停的时候，也没有出现类似的恐慌状态；不论正确与否，整个世界都信心满满地期待并相信当处于类似状态下时，该法案会被再次暂停。不论理论推断如何严谨，事实所产生的逻辑都更具说服力。而采取的这些林林总总的措施都表明，按照董事们的信条，英格兰银行能够通过 1844 年法案来管控恐慌，同时，即使不存在 1844 年法案，他们一样可以将恐慌管控得非常好——因为在恐慌初期，他们并没有受制于 1844 年法案，而在恐慌的晚期，1844 年法案已经暂停。

因此我们能够在不考虑 1844 年法案本身影响力的情况下，对英格兰银行于 1844 年法案生效后三次恐慌中的政策进行评估。事实证明，英格兰银行在这些恐慌时期，为金融市场提供了相当金额的贷款。同样可以肯定的是，在这三次恐慌中，英格兰银行的行动明显比 1825 年迅速许多；在这三次恐慌中，英格兰银行毫不犹豫地使用其银行储备发放大量贷款，并意识到这是维持基本储备水平的基础原则，并立即付诸实践。在这种情况下，仍然存在一个值得警惕的危险因素。没有人确切地知道，在这样的时期，英格兰银行必须提供所贷款的担保物。

正如事实所展现的，出于缓解恐慌的目的而发放的贷款将在很大程度上缓解恐慌。并且基于这个目的，应该为那些正常时期评估的优质“银行担保”提供贷款。而停止为正常时期的优质担保提供贷款的做法，将是导致恐慌的危险因素；这样才是使用银行储备的合理做法，如果抑制了暂时性不利因素，那么正常的商业流转过程将逐渐被修复。总之，上述一切取决于能否为所有优质银行担保提供贷款。

不幸的是，英格兰银行并未遵循这样的流程。它为了给优质票据贴现而开设贴现办公室，该办公室进行了大量的贷款工作。此外，英格兰银行同时发放了统一公债和印度证券抵押贷款，虽然在1866年的危机中，英格兰银行对此存在一丝犹豫。但是这些抵押贷款仅占正常时期发放贷款总量比例的一小部分，而且其偿付是完全有保证的。铁路公司债券就是一种优质的商业票据，许多人包括笔者均认为其比印度证券的安全性更高；整体来看，一条规划及运营良好的铁路其不可预期的风险显然小于一个让人感到陌生的国家，这个国家就是印度。在恐慌中英格兰银行是否会给铁路公司债券提供贷款，对此我持怀疑态度，因为没有人能够提供充分的理由证明英格兰银行应该这样做。而且，同铁路公司债券类似的证券还有很多。

贷款数量是英格兰银行主要考虑的问题，而不是它们是什么样的抵押品，因为英格兰银行通常假定这些抵押品都是优质的。在英格兰银行中盛行一个观念，即他们不该在恐慌中为那些在正常时期不提供贷款的各种抵押品提供贷款。但是如果银行在正常时期基本上都会给这类抵押品提供贷款，如果那类抵押品是无可争议的优质抵押品，那么英格兰银行的惯例并没有什么本质意义。在正常时期，英格兰银行仅是众多放款方之一，然而在恐慌中却是唯一的放款方，并且我们希望能尽己所能使恐慌时期的非正常状态恢复成普通时期的正常状态。

普遍认为，英格兰银行的行为将导致极大的不确定性：银行从未在此问题上有过任何清晰、可行的政策。如前所述，其管理层（像汉基先生）都支持错误的政策。公众无法知晓英格兰银行在最重要的时期会采取什么政策：不确定英格兰银行将会提供多大数额的贷款，也不知道能够得到贷款的抵押品是什么。缓解恐慌最好的办法是让公众对银行储备数量具有充足的信心，同时相信该储备的利用效率。不能在此方面对英格兰银行有一个更加清晰的了解，我们面临危机时所具有的不利倾向和在危机中产生的恐惧会更加强烈。

第八章

英格兰银行的管理

英格兰银行由一群董事组成的董事会管理，一位行长，一位副行长；管理者选择的管理模式及其控制局面的时间将影响英格兰银行的整体业务。实际上，董事会采用自我选举模式。在理论上，董事会成员每年应有一定比例的调整，出局者至少在一年内不能再参与董事会工作，同时新的董事会成员由董事重新选举产生。但是在事实上，若其他董事愿意的话，出局者还会被选入董事会，这成为多年不变且至今难以打破的铁律。如果因为离世或者辞职导致了空缺，整个董事会才会选择新成员，正如我之前所说的，他们将会进行相当慎重的选择。因为特殊的原因，一项至关重要的新任职董事的就职条件是年轻人；于是，董事会将对伦敦所有老牌公司里那些最专业和有前途的年轻人进行复核，并挑选出他们认为最适合做银行董事的人选。承担这样的职务需要具有相当的抱负。赋予其英格兰银行董事的身份，不论对候补的个人还是对其所属的商业公司都具有相当重要的意义。董事们在筛选过程中，通常表现得相当铁面无私；对银行董事筛选的诸多条件中，会受到重点关注的是在接下来的时间里，新任银行董事需要为英格兰银行未来良好的管理贡献其最大能力。这个世界上，很少有什么选举能在完全公正的情况下完成。在竞选英格兰银行董事这个问题上，新人选需要具备为银行鞠躬尽瘁的强烈意愿。银行方面倾向于任命一位品行端正并具备一定从业经验的年轻人，在接下来的 20 年中，其表现应该是相当明智和高效的。

年龄是一个主要问题。行长和副行长是轮流任命的。副行长经常接替行长，该人选通常是最有资历同时并未就任过行长的董事。有时，由于个人原因，例如身体欠佳或者特殊的临时任命，一位董事可能拖延了成为副行长的时间，否则，那些最伟大的商人很少被允许完全拒绝英格兰银行的职位，这个规则是需要绝对服从的。一般从一个人首次当选为董事，到结束任期的时间为 20 年，即所谓的当班。行长和副行长的职位都是非常重要的，尤其要求他们必须保持足够的体力。因此，初次被董事会选入的银行董事通常是年轻人。

首先，外人很难明白这个看上去有些奇怪的现象是怎么回事。

多年以前，我记得见过一位毫无经验但是英俊的年轻绅士，得知自己成为英格兰银行的董事时，他非常震惊。我经常想象这类董事应该是那种非常睿智并富有经验的人，当知晓一位还不老练的年轻人成为其中的一员时，我也相当惊讶，同时我坚持认为这种做法有一点冒险。我认为这样的年轻人不能够很好地经营银行，也怕他们滥用权力。

深入的研究很快证实，新当选的年轻人并不会将这种权力视为儿戏。因为，一位年轻人在一个众多资深成员聚集的董事会上并没有太大的影响力，同时在英格兰银行有一项特殊条款来制衡那些有影响力的人。如我所说的，每年都有董事退出，而且出于礼貌，总是一些年轻的董事退出。那些出任过行长的董事总会留任。对于董事会来说，年轻董事的职位并不稳固，而年长者却是十分牢靠，因此年轻董事在董事会中的影响力微乎其微。银行董事们可能因很多事情受到责备，但是他们从未因这种新老交替上的易变性和应激性遭受质疑。

为了缓解这种情况，年长的董事会成员——那些有过行长经历的人——组建了无限权力的长期委员会，被称为财政委员会。姑且称其为“无限权力”，目前还没有更精准的词语来描述这种情况。有时他们会运用一种特殊的权力对银行和政府的关系和谈判施加影响力。但是我相信这在很大程度上取决于行长的性格。一位强势的行长可以运用权力处理很多事情，而一位弱势的行长则要少得多。虽然财政委员会的影响力不会维持不变，但其作用常常是相当巨大的。其成员都是一些成熟、老练的年长者，他们处于权力核心，暂且不论这种状况是好是坏，显然，这样的委员会一定具有很大权力。

按照传统，英格兰银行的董事们不能兼具交易银行家身份。这是在很久以前就定下的规矩。每家银行都或多或少认为需要站在其他银行的对立面——同一个地方的银行间关系尤其是敌对的。因此，在伦敦，银行家没有机会成为英格兰银行的董事，所以也不会有银行家进行这样的努力。在此，需要声明所指的银行家为英国意义上的银行家们。若罗斯柴尔德家族成员中的一位在英格兰银行占有一席之地，作为外国人，他们更倾向于认为如果其他人都是银行家，那么他们也是银行家。这表明了英国的银行业概念与欧洲大陆同等概念的本质区别。而对此，坦白说英国的理念更加先进。罗斯柴尔德家族是资金雄厚的资本家，毫无疑问，经其手发生了大量资金的借贷。但是当他们需要偿付一张 100 英镑的应付款时，他们不必使用每份 5 英镑的支票，而这种形式恰恰就是英国意义上的银行业。外国人的银行业务通常具有数额巨大的借贷资金和较长的借贷期限。而英国的银行家从事的是小额借贷业务，其中大部分都是即期。英国与其他欧洲大陆国家利用资金的方式也存在区别。一位外国人认为“外汇业务”是银行业的主体部分，即在国外买卖票据。对此，本文已经进行过解释，在出现存款性银行业务之前，汇款是早期银行发展的辅助便利业务之一。但是大量英国本土银行家仅在英国或者伦敦供给票据，同时主要的汇款业务在伦敦已经不在银行家的业务控制范围内。他们中很多人不知道怎样完成一笔巨额"外汇操作",或者"将收益带回母国"。外汇交易是由小型的、特殊的外国票据经纪商作为主体实现的，比如罗斯柴尔德家族就是其中最大的外国票据经纪商。因此，尽管有规定禁止银行家参与英格兰银行的运营，但是这类公司却可能在英格兰银行获取了一席之地，原因一方面由于罗斯柴尔德及其家族并非英国的银行家，另一方面也由于他们借入资金的条款或者利用资金的模式不同。但是英国意义上的银行家们，需要严格地、绝对地服从这项规定。不仅没有私人银行家成为英格兰银行的董事，也没有任何股份制银行的董事能够成为英格兰银行的董事。

大部分英格兰银行的董事都是富有经验的商人，他们熟悉资本并在资本运作中成长。这些人掌握着最新的贸易信息，同时也清楚地洞悉商人的特性和财富，他们很清楚哪些商人对于英格兰银行具有很高价值，而哪些商人一点价值都没有。他们冷静且认真，他们的本性和习惯使其能够理性观察他们参与其中的每个业务，并悉心经营。他们大部分人都有许多空闲时间；对于一个只利用其自身资本同时几乎仅用一种方式利用资金的商人来说，其生活绝对不会被其经营的业务全部占用。资本几乎很难完全占用主要合伙人的时间，并且，如果这样的人变得异常忙碌，首先考虑可能发生了什么值得警惕的事情，要么就是其工作过于琐碎，不善于授权，要么此人进行了过量的投机，导致其负债超过资本的承受范围，有破产的可能性。因此，每个商业城市都充斥着一群具有很高商业才能并富有经验的人，他们的精力并不会被其经营的业务全部占用，同时也期望着有更多经营的新业务，比方乐于成为公共公司的董事来充实自己的空闲时间。在许多世代中，英格兰银行的董事会就由这类人构成。

如果本质属性是明确的，那么这样的管理层对于股份制公司来说是非常有益的，反之，如果本质属性不明确，那么存在这样的管理层就不是件好事。管理层由一群具有高于平均智力水平并普遍具备良好判断的人组成，他们拥有卓越的基本商业知识，而缺乏银行业这种特殊商业领域的专业知识。通常情况下，在股份制银行和公司里，这种不足将被其挑选的经理人弥补，经理人在特殊交易中经历过特殊训练，同时经理人也具有充分的准备，能够为公司事务奉献所有经验和能力。董事们在挑选其委员会成员时，常常要特别征询经理人的意见，然后再对公司事务进行决策。在所有普通的股份制公司中，几乎都存在一位具有特殊专业才能的固定执行者，和形式不同且没那么专业的董事会。固定的经理人富有管理经验且能保证政策的连续性，而一群由卓越董事组成的董事会则能保证整体智慧水平。

但是英格兰银行不存在固定执行者，主要由行长和副行长履行这种固定执行职责，但其人选需要每两年轮换一次。我相信，这个规则并不是创立者最原始的计划。在过去的日子里，为数不多但享有极大特权的公司，虽然会定期选举其公司主席，但只要主席制定的政策依然流行，在实际上主席人选基本不会变更。在不出现强烈反对者的情况下，公司很少更换管理者。上述理念与英格兰银行的制度没有现代意义的联系。目前，行长和副行长的人选几乎在两年后就会改变；任何长期占据要职的情况在当今很少出现，因此不必继续考虑这方面的内容。英格兰银行的行长和副行长不想躲在幕后，他们喜欢出头露面；他们希望看到所有贷款的申请者都打破常规；他们渴望实现英格兰银行和其最大的客户——政府——持续地保持一致并将一些必要问题递交董事会或者财政委员会。简言之，他们进行了大量在大部分公司中经理人该做的事情。在主要执行者经常更替的情况下，各部门负责人的价值就越发凸显出来。对于票据贴现部门来说，尤其需要一位能力和经验兼备的负责人。从本质上来说，部门负责人都是下属；没人像一家普通银行的总经理一样——成为所有行动的总负责人。在现阶段行长和副行长主持管理工作的情况下，任何下属很难获得类似其他公司中总经理的地位。若一位真正有能力和具有灵活性的行长整天闷在银行里，则对银行的主要业务很难发挥太多作用。

在理论上，没有比这种银行管理体制更糟的了，即（1）经常变动管理者；（2）董事会常常挑选一些太年轻而不知其是否能胜任的董事；（3）董事会的胜任条件是资历要老，于是其成员都是老年人；（4）到处都是未经训练的银行家。

即使英格兰银行是一家普通的银行，上述机制保障也不够充分；由于英格兰银行庞大的职能，机制不足的问题更加突出，而由此导致的后果也将更加恶劣。比如，英格兰银行不得不维持国家的唯一银行储备；不得不在金融市场发生任何变化及外汇的变动时维持该储备；在出现恐慌时，不得不立即决策应该发放哪种类型的贷款，及决定贷款数量和期限——目前英格兰银行的体制很明显是存在缺陷的。迄今为止，英格兰银行的管理层做得比其他任何银行都好，虽然本应如此，考虑其功能运营更为艰难和重大，做到这种程度也十分不易。但是若有人提议将英格兰银行的管理运营推广为银行普遍的管理模式，任何人都会嗤之以鼻；管理层会认为英格兰银行的管理想法过时了或者很奇怪。

自然地，这种好坏兼而有之的机制，其效果应该会体现在该银行历史的方方面面。首先需要明确的是英格兰银行的管理是卓越的。较其他同等规模和同期的任何银行来说，它很少参与“不良业务”，当然其参与的严重不良业务就更少。纵观其历史，我不记得英格兰银行的名誉曾与哪起大型的、有损信用的不良债务有过联系。大家从来没对英格兰银行有过这样的质疑，即英格兰银行是为个人利益或利益集团“服务的”。董事们的巨大责任感及其对银行业务稳健性的关注度，将使其恪守准则，避免有损名誉和信用的事情。这群审慎的商人对票据和证券常常具有令人钦佩的判断力。他们常常能够洞悉危险分子的问题所在；他们具有迅速洞悉腐败交易中最不起眼的蛛丝马迹的能力；没什么诡计能在他们异常敏锐的直觉下蒙混过关。你根本无法驱使英格兰银行的董事们参与奥弗伦公司最终选择参与的业务，除非出现道德风险，或者你能改变英格兰银行董事们的行事作风。在他们的管理下，类似美国央行的致命职业失误也同样不可能出现。由于英格兰银行具有最终偿付能力，及其巨额资本的最终安全性，即使在历史上最糟糕的时期，英格兰银行都没有遭到公众的丝毫怀疑。

然而正如我们所见的，英格兰银行的政策仍旧糟透了，在这些时期，虽然没有造成什么灾难性事件，其管理层缺陷也在持续恶化。

实际上，目前英格兰银行的管理与外交部或者内政部的公共部门十分相似，上述部门都没有一位长期的部门负责人。政府的这些部门都会发生实际领导权力更替的情况，只不过英格兰银行行长更替得要更加频繁些。议会副部长的变动是比较频繁的，该职位可以对应英格兰银行副行长。若部门管理及具体部门业务的处理仅依靠一把手和二把手的话，办公室的工作很快就会运转不下去。新上任的人不能实现工作运营的活力和有效性，因为他们根本掌控不了复杂的新工作。实际上，部门领导的工作通常由一位常务副手协助管理，他负责所有常规业务，同时也是办公室机密的受托人，这类人物使工作具体化，他们是部门业务与频繁变动的管理层间的纽带。这样，即使管理层的最高领导经常发生变动，大部分部门政策仍可得以延续，部门事务可以被有效管理。在管理高层频繁变动的情况下，有位常务负责人进行协管是实现部门有效管理的最佳方法。然而，目前英格兰银行管理层追求的目标是抛弃这种充分的永久性因素及某胜任工作的连接纽带，而试图经营更加大型、更具成长性和更加可持续的业务。

原因在于英格兰银行行长和副行长身上的压力没有政府部门领导身上的压力那么大，其业务紧急程度也不及后者。在提供更少劳动方面，银行行长可能较政府官员有优势。银行业务从来不应该是一项超量体力活动。如果行长被大量的事务性工作所累，说明银行需要一个更加完善的系统或者在技术支持上面有所欠缺。而银行行长职责的重要程度与政府部门领导人相当。国家的现金储备同任何人关注的自身存款一样珍贵。处理恐慌的难度（银行的管理层被迫应对恐慌危机）相较其他独立部委而言，可能有过之而无不及，所受冲击也更加直接。无论如何，英格兰银行面临的恐慌常常十分突然，与其他困难相比，也需要更加迅速地应对恐慌；处理此事显然需要具备极强的判断力、勇气和活力。

对英格兰银行政策问题，有一种自然的补救方法是任命一位银行常任行长。否则，正如我说过的，对于很多决策，将会出现很多质疑，大家怀疑这是否是创始人的意图。所有创立于 17 世纪的老牌公司都具有相同的机制，而所有能够延续至今的公司也都保留了传统机制。哈德逊湾公司、南海公司、东印度公司都是具有绝对权威领导人的公司类型，它们期望永续经营和高效运营。这才是公司创始人头脑中最自然的模式。这类人通常会专制地处理大量商业交易；他们知道果断决策和政策连贯的价值；他们认为只有他们经营商业才能产生最佳结果，因为他们引领的商业方向与普通人理解的商业过程不同。所有“城市”居民将资金用于投资，这些活动常常具有非常有益的讨论价值，但是他们很难有机会去议会委员会上讨论这些活动。人们习惯于直接付诸行动而不是对行为进行清晰的分析，他们以一种君主专制的方式运营自己的商业，而其商业的继续成功仅是对其天赋的一种验证。这类人在创立公司的时候，很自然地依赖于他们过去的成功模式。他们虽然也是初次管理，但其握有的权力凌驾于一切之上。那么这种想法在英格兰银行创立者的头脑中究竟占多大比重，从他们给该银行的命名就可窥出一二。其公司名字叫作“英格兰银行行长公司”。创始人认为管理是如此重要，以至于他们十分露骨地使用该词，并在最初就这样使用。

这不仅是早期公司在萌芽时期采取的最自然的公司机制，同时也是这些公司经过长期实践，探索出的最有效的经验。哪怕是伟大的铁路公司，其管理也是建立在此基础上。若铁路公司董事长并不是一位积极的、富有智慧的商人，同时也并未持续关注公司事务，那么在管理方面，则很少会出现某些相当优异的铁路管理案例。如果主席仅是一位名义上的领导人——一位贵族，或者类似人物，选择他作为领导者，仅是个摆设，那么我们可以轻松地找出关于铁路事故的上千种事例。“铁路公司主席”是一种职业，其中包含各种效率价值，同时需要具备很多责无旁贷的能力。而英格兰银行任命一位常任“主席”的尝试就是基于大量现代经验的有力支持。

然而，我在犹豫这是否是个权宜之计，因为也存在其他的尝试，因此我还有以下几点考虑。

第一，这类尝试应该会受到大家的普遍抵制。我们可以进行以下推断：英格兰银行的行长应该是英国最伟大的男性，他在伦敦城应该有点“君主”的权威，他远比“市长大人”伟大，他是英格兰银行的个人化身，他总是拥有着无限威望。参与商业活动的每个人都臣服于他，并努力得到他的青睐，因为在恐慌中，他几乎有能力救助每个他喜欢的人，也可以使任何他不喜欢的人破产。当得到英格兰银行行长的青睐时，意味着财源广进的一天开启了，当英格兰银行行长不信任你时，可能意味着你的财富的毁灭。一个拥有诸多实权且身份煊赫的地位是梦寐以求的。精明的商人都认为该职位比总理大臣要好，因为该职位任期长，并且拥有更加强大的、精明的商人们最重视的运用资金方面的权力。也许，一位集权力于一身且熟悉业务的行长，能够左右 50 个人的命运，而总理大臣只能左右一个人的命运。在这座城市，再没有什么事情如此受到普遍抵制的了，即多了一位可以统治大家的“小国王”。

第二，我不认为我们总是应该考虑为英格兰银行行长的职位找个最佳人选，我甚至担心我们根本找不到一个这样的人物。很多情况下，过高的薪水会妨碍我们寻找一位我们需要的人。为威望支付一个非常高的薪水通常是件非常危险的事情。它将导致自负的人、懒惰的人和有地位的人对该职位的渴望，而该职位需要的人选只是对商业有真知灼见、有实务经验、能付出辛劳、有耐心并能够果断决策的人。而之前提到的三类危险人物无疑均垂涎于所有身份尊贵的职位，唯一能阻止他们的办法就是为其设置最大障碍。可能，在每个内阁中，存在一些成员（在过去的年代中，可能镇上的这类人更多），其职位的获取不是来自个人能力或者世袭的身份，而是来自其阶层、他们的财富，甚至出众的外表。当然这类人并没有混入最高政治机构，因为更高职位的严肃性和职责的重要性时常暴露在大众视线中，有力地阻止了他们。一位总理大臣、财政大臣，或者国务大臣必须要对公众解释其政策，并在议会上捍卫自己采取的措施，一个挑剔的议会具有的敏锐洞察力将很快发现他究竟是什么样的人。英格兰银行行长悄无声息地履行职能也许看起来是常规，但其实并不是这样。虽然英格兰银行的管理不存在即刻的成功与失败的风险，但时间的累积将结出债务不良的恶果，尽管严肃沉默的人在当时看起来貌似公正和可信。一家大型银行都是被一些自负的、肤浅的人所掌控，他们看起来是严肃的、有手腕的人，但在大家真正有所察觉时，他们可能已经在不长的时间里犯下了数不尽的错误。如果管理者足够幸运，是在贸易扩张期开始其任期，那么可以肯定的是，直到紧缩期来临前，他的失误都不会被发现，但最终大量的数据将证明他的行为所带来的巨大损失。

第三，恐怕拥有这类任免权将毁掉任何人的天赋。对行长的选举要么是在股东大会上，要么就是在董事会上宣布。如果是由股东决定的，那么将产生类似美国总统选举式的失误。人们会购买银行的股份，以在这种类似“市长”选举中被赋予选举资格。被选出的行长，将发现其最活跃的支持者是英格兰银行最大的债务人，在其履行对银行职责与对待自己选民态度之间做决定，将是他最为头疼的时刻。如果他是一位中等能力并且谨慎的人，他将综合考虑在两个方面可能出现的错误；他不会完全按照贷款需求进行贷款业务的发放，这种行为将引起其支持者的不满；但若贷出一些明显会遭遇损失的资金，那么银行的利益就会受损。英格兰银行的股东是一个相当庞大的群体，可能成为这个具有极大权威性部门的有害选举团体。一方面，不能期望他们总是选出一位优秀的人选；另一方面，他们选出的那个人可能受困于一些承诺限制而不能成为那么良好的人选。

董事会成员的选举则相对好些；很难成功说服这种商人的小团体去选择一个极其不合适的人选，当然让他们总是选择一个极其优秀的人选同样比较困难。也许真正最优秀的人并不如大部分董事那么富有，因而没有机会参与此类竞争；或者并不具备较高的可靠性，而这是参与此项工作的一个必备特质；或许他们根本就不愿意参加能够主宰整个城市的选举，因为他们对自己的尊重程度远高于对这座城市的尊重。银行董事们可能面临各种穷极可能性的拉票方式和方法，以说服他们去任命一位商业巨贾或者商界大鳄。在伦敦城，许多拥有极高威望和身份地位的人都垂涎于这份殊荣，即使不是为了他们自己，也是为了一些朋友，或者一些亲戚，因此，对待这件事，董事们需要经过方方面面的细致思考。

显然，一项如此易受到强权干涉的选举很少会做出比较好的选择。想选择最好的候选人的愿望几乎从未实现；恐怕，常常是些不合适的人占据如此重要的位置。而如此热衷于选举的情绪也将完全扰乱银行的平静。英格兰银行董事会进行优异、高效的工作需要依赖其内部和谐，而这种平静的和谐会被选举的兴奋情绪打破，即一项伟大选举的宣传筹备正式拉开帷幕。董事会几乎肯定会被这种君主性质的选择所损害，那么期望他们会选举出一位优秀的人选，几乎是毫无可能的事情。

在寻求中央银行行长选举的良性机制方面，法国所遭遇的困难是非常典型的。法兰西银行保管着国家资金，行长由国家任命。法国人习惯为其做所之事赋予一个冠冕堂皇的理由，然而其行为结果并不如其理由表现得那么理想。需要指出的是，法兰西银行的行长并不总是一位能胜任工作的人；法兰西银行的副行长同样也是国家任命的，正如我们预想的，他通常都更优秀。由于国家不同，对此进行详细的探索不会给英国带来更多好处。英国的政治家不会同意为英格兰银行行长的人选负责。每次恐慌过后，反对派就会在议会提出这场灾难已经“严重恶化”，虽然政府部门不必对行长任命这种“完全不当行为”承担全部责任，但是也应当承担最重要的责任。也有可能掌权者更替，在恐慌中的当权部门恰好是任命行长时期的当权者的反对者。在这种情况下，在其对手认为应该连任时，他们更易感到“这是个重大的错误”。反对者不在意伤害英格兰银行行长的感情，如果他辞职了，反对者会认为自己手中的任免权非常具有价值，他们可以将此职位授予自己的某位朋友。更糟糕的结果是，关于英格兰银行的管理将成为政党政治的焦点，各党派成员即使几乎从未在其他问题上认同过什么，但在这一问题上将不会有异议。

因此，我们必须抛弃需要任命一位常任行长来改善英格兰银行管理的设想，因为我们没有把握能够选择一位优秀的行长，而在大部分情况下，我们需要完全承担因选择一位差劲的行长而带来的巨大风险。

我认为充分发挥优势和有效控制风险需要通过谦逊的构想实现。我们已经观察到在英国的政府机构，更换部门负责人的失误可能由其常任下属造成。虽然议会的国务大臣和副国务大臣会经历不停轮岗，但是总有某位副国务大臣从不参与轮岗，从这个方面考虑，可称之为“常任”。在此原则下，我认为这种体制可以完美地应用于英格兰银行的管理中。理由已经给出了，英格兰银行不能任命一位永久的管理者；又基于其他刚刚给出的理由，某些极具影响力的常任官员对于英格兰银行业务具有至关重要的作用；同时，比照现存诸多的困难和优势，上述这种制度已经带领我们按照当代模式构建了我们现有的国家机构。

常务副行长完全不应该成为城市的“国王”。在办公室里不应该存在有害的个人权威，不应该吸引自负之人对该职位投入过多的注意力；不应该使其成为暴力竞选或者无耻之徒竞选的目标，因为那毫无意义。该职位本身就应该是从属性的，就像国家机关里的常任秘书。薪水应该很高，因为要吸引优秀人才——否则就会招来一些能力不济者。那些有着很大影响力但无甚才华的城市显要人物通常会很富裕；如果他不富裕也很难获取如此大的影响力，对他们而言，需要的不是金钱，而是“地位”，但那无疑是危险的。他可以为了获取英格兰银行行长的位置几乎不要薪水，甚至可能会为了获取这个位置而付出金钱，而那些级别较低的处于从属性的职位根本不会对他有吸引力。这些薪水和社会特权已经足够去吸引一位优秀的男人，而不必恐惧这些薪水会令我们找到那些我们不需要的人。

毫无疑问，常务负责人应该是一位训练有素的银行家。由于银行业和其他商业间存在主要区别，常务负责人需要使银行业负担较其他商业更低的风险，也需要为银行业设计更多的预防措施。在普通商业中，一位交易者可以将其售卖的物品价格抬高以获取更高利润，比如从 10 个百分点提高至 15 个百分点，但是银行家需要考虑资金利息，从平均情况来看，资金利息在英国不会超过 5%。因此，银行家不能像商人那样有过多坏账，也需要审慎对待授信。真金白银远比普通商品更具吸引力，因此一般施加在制造商和商人身上的欺诈手段，可能相较银行家只是 1/20。此外，银行家经营的是别人的钱，他必须确保自己的储备资金足够应对那些可能随时发生的提现需求，而商人交易则不存在这方面的考察。风险与商业是相生相伴的，同样需要引起注意的是，风险也伴随着银行业务始终；可能难以想象在 1857 年之后，英格兰银行对其银行储备的管理工作在较长时段内出现了一连串的重大失误，失误的原因即在于英格兰银行董事会错误地将其经营自己商业业务的经验应用于银行业务。银行董事对于银行业务的态度经常过于乐观，并很少采取预警措施。也许我们迫切需要在英格兰银行董事会中引进的是一种忧患意识，这是一个明智的选择，也是每位富有经验的银行家在其交易习惯和生活感悟中知悉的。

常任的行长应该将其全部时间奉献给银行业务。他应该禁止安排其他任何分散精力的事务。目前所有董事，包括行长和副行长，都同时在经营着自己的生意，他们为自己的事业投入了大量思考，而这本该放在英格兰银行业务上的。在恐慌发生及其前夕，英格兰银行的业务尤其需要他们全力以赴。一旦到了恐慌时期，所有商人的业务都到了异常关键的时刻，因此将占用董事的大量时间。在现行银行制度下，当银行董事们自身商业事务需要投入大量注意力时，单一管理者对银行事务投入的精力将急剧下降。唯一的补救办法是任命一位永久的且具有影响力的董事，此人唯一的工作就是救助银行，因此，需要对银行事务投入大量注意力的时期，也是此人最关注银行事务的关键、紧急时期。那么，一旦恐慌来临，他就能无惧筹措资金的困扰，因为他已经未雨绸缪了。反观许多现任董事，他们最为关注的是自己经营的商业，在其头脑中对自己经营的商业的思考如影随形，挥之不去。

那么，常任副行长一定是位董事，并且立场公平。他不必不得不去“听命于”行长。在谦恭的下级和被尊重的上级之间，永远没有公平、平等的争论。上级能经常驳斥下属的坏点子，但是下属却很少敢于冒险去反驳上级的坏点子，同时下属也很少能够有效地表达自己的观点，他停顿、犹豫，甚至不会使用最佳词语或者最恰当的例证，他可能使用一些有缺陷的例子或者不恰当的词语，一旦上级揭示其出现的漏洞，下属更是会阵脚大乱，很快败下阵来。仅当上下级之间彼此都非常喜欢对方时，才能就重要的业务进行充分的讨论。说话者谈论自身想法时，应该心口一致，不应该被恭谨的表达所蒙蔽，也不应该因装模作样的质疑而退缩。英格兰银行并不需要为董事们寻找一位新的文员——他们现在已经拥有富有经验的优秀文员，而是与董事们具有永久平等地位的人，他应该与其他董事就银行业务进行平等的讨论，除银行业务之外也没有需要费心的其他业务。

这种永久职位的正常职责只能由精通银行业务的人决定，不必在公众面前讨论，因为难以被公众理解。这倒不是说明确职责不重要。这样的职员，如果是可靠的、有能力的、勤勉的，将很快能上手银行事务。不论是过去的惯例还是现在的事实，此人都比其他人更加精通；他富有经验，经历了多次危难时刻，并时刻留意这类问题，防止再次发生。同时在特殊时期，他根据自己的社交经验具有特殊的领导魅力以指导事情的应变之道。大多数英格兰银行行长都是谨慎的商人，没有熟练的银行业务技能，他们最在意的是在其任期内，银行业能够保持繁荣，这样自己能够躲避责难。如果有人敦促他接受一个“安全稳妥”的方针，他很可能会接受。现在最“安全”的做法就是接纳一位常设“权威”的建议，否则那才是最“不安全的”。如果新上任的行长按照常任副行长的建议来处理业务，那么，当遭遇灾难时，大部分责难则由副行长承担；大家认为一位刚上任的行长可能不知道应该怎样做，但是常任的副行长应该熟悉业务并为业务负责。从另一方面看，若新上任的行长没有重视其常任同事的建议，同时结果也很糟糕，那该行长将遭受猛烈的抨击。会有这样的言论："作为毫无经验的菜鸟，否决一个具有丰富经验的人的建议；当英格兰银行的制度能够为行长提供熟悉业务的顾问，但他仍旧按照自己的想法我行我素，并将顾问弃之不用，他应该承担全部责任。"那么在伦敦对他就没有比这更有害的闲话了，无论正确与否，大家都这样说："我们不用如此认真地对待判断失误问题；我们每天也都会犯错；如果一位负责任的人已经尽力了，我们不应该对他再有更多要求。但是现实与假设完全相反：英格兰银行行长在一个错误的体制下工作，他就要为自己承担一种不必要的责任。"因此一位将自己富有经验的顾问弃之不用而招致灾难的行长，将被伦敦城视为永远的傻瓜。结果是，那位有经验的顾问成为银行的实际掌权者。

我认为银行新任命一位经验丰富的常任管理者是最大的改革创新，这个改革是迫切需要做的，也是银行能做的。我相信这样的人能够改善银行如今无法否认的决策不足现状，此人可以提供富有预见性的、果断的且具有一致性的决策。我判断，银行制度的如此改变是迄今为止最需要的，甚至比谋求其他改变更为重要。当然，我们也应该改革有缺陷的其他方面。

首先，伦敦的银行家不应该总是被排除在董事会之外。之前有过解释，最古老的理念是伦敦的银行家是英格兰银行的竞争者，并具备伤害该银行的能力。但是现在伦敦的银行与英格兰银行具备了某种彼时不曾具有的联系，因此当条件发生变化时，理念应与时俱进，进行调整。私人是英格兰银行的主要存款者；因此他们格外关注银行的稳健程度；他们尤其关注银行是否维持了良好的储备，因为他们自身的信用和他们大笔存款的安全性都依赖于此。他们对有经验的银行业务具有控制能力，他们拥有该银行业务是否留在英格兰银行的决定权，而现阶段银行董事们并不具备这种能力，他们通过银行本身学会了全部的银行业务知识。当然仍旧存在一个遗留问题，如果将银行职位授予银行家，英格兰银行的秘密会遭到泄露。但是大多数银行家都经受过保持沉默和保守秘密方面的良好训练，而银行家与英格兰银行的秘密之间其实仅剩一层窗户纸。就在最近，一家公司倒闭了，其合伙人之一是伦敦威斯敏斯特银行的董事，而另一位合伙人就是英格兰银行的董事。在这样的情况下，没人能够定义或者为这类人的机密通信分类。

如我之前观察的，目前，对银行家划定的技术性及排他性界限完全是英国独有的。按照欧洲大陆的观念，如果有人是银行家的话，那么罗斯柴尔德家族都是银行家。整个罗斯柴尔德家族都是代表银行利益的。银行迫切需要有这样的代表，因为公司成员可以选择向英格兰银行提供有价值的机密信息。但是，尽管如此，那些反对英国银行家的原因也同样适用于这些外国银行家。他们可能在某些特殊时期出于自身利益的考虑而采取完全不利于英格兰银行的政策。作为最大的外汇交易商，当英格兰银行提高利率，期望阻止人们出口黄金时，银行家可能希望出口黄金。一个大型外汇交易商由于处于利益对立面，在此时很可能会投反对票，并提供一些貌似可信的理由。实际上，某类单独董事的特殊利益不应该纳入考量范围；几乎所有的董事都会因涉及其自身利益而提供特殊的信息；他们可能仅从当前的业务中获取信息，而这类信息非常可能对目前英格兰银行的政策产生不易判断好坏的影响。但是一定不要出于这种考虑，就把英格兰银行与一手的鲜活信息隔绝开，而需要通盘考虑，建立一个合理的董事组织，并相信在总体上某些个人利益偏见将消失并最终流产。这才是英格兰银行管理的指导方针，而不应该自始至终将英国的银行家排除在董事会之外。

财政委员会的组织机制也经常受到指责。该组织是由行长、副行长和所有占据要职的董事们组成；但是既然这些职位主要采取轮值制，那么这种形式的选举很大程度流于一种资历选举，显然需要反对这样的制度，这样的制度不仅是一种年龄优势，更是一种年龄垄断。某种程度上，我认为这种垄断已经遭到削弱。当董事们考虑交易量级，以及随之而来的业务属性时，可能会拒绝接受该职位，因此出现要求他们成为财政委员会成员的情况也是存在的。在选择委员方面，应通过能力而不是资历来选举委员会的管理者，这个原则更为明智。

同时也有人对于英格兰银行董事会成员人数较多方面存有异议，认为董事会人员过多。英格兰银行董事会包含 24 位董事，加上一位行长、一位副行长，总计 26 人，显然对于讨论任何难题来说，这个人数都显得太多了。实际的情况更糟，因为董事会每周才举行一次会议，并且每次会议持续时间都很短。有种说法尽管有些夸张，但是也能反映实情，即如果英格兰银行的董事们能坐在一起达到4个小时，“就能产生一场恐慌”。“董事会，”图克先生说，“在十一点半或者十二点半召开；如果会议延长到一点半，股票交易所和金融市场就会躁动，它们会认为将存在重大变动；人们会聚集在银行门外，期望在第一时间获取确定的消息。”他进一步猜测这种躁动可能引发外部行为的轻率，若未产生躁动，则易引发内部行为的轻率。而董事会做出的决定具有无法估量的重要性，这非常不正常。

改变英格兰银行机制并不像想象中那么脆弱。现存机制是在过去的框架中建立起来的，而其创立目的和现在已经大相径庭。创始者可能认为该银行应该给政府提供贷款，应该为政府保管资金，并向持票人发行可支付票据，但是在17世纪，没人能预想到英格兰银行应该为整个国家维持“银行储备”。当我们将旧物新用时，通常意义上，我们应该考虑目前着手处理的旧物还是否适合被继续使用。“旧瓶装新酒”是安全的，仅当你关注了旧瓶的状态，并非常谨慎地适应其结构时。

第九章

股份制银行

英国的股份制银行取得了最为显著的成功。一般来说，英国股份制银行的道路是曲折的。亚当·斯密在很多年前就这类事业的困难方面做出过很多富有意义的预见——这些思想在多年后仍然值得重新细致品读。不过，股份制银行是这种规则的特例。四年前，我将该领域的实际情况与起因进行过整合分析，现在让我在本文再次引用，因为随后我们将很少再次提及这个问题。

界定股份制银行主要基于以下三点考虑：第一，股份制银行资本不是用来运营业务而是为业务提供担保的。

因此若一位银行家的业务仅在利用自有资本，那么就不算开展股份制银行的业务；真正的股份制银行业务始于利用借贷资本。从长期看，一家保险营业处不需要资本；收取的保费应该超过索赔积累。只有在为公众提供保证和引导公众相信公司业务的情况下，才需要资金。第二，那些公司的发展很好地证明了如何利用特权帮助决策，并通过为数不多的决策即可获取丰厚利润，使公司迅速发展壮大。第三，那些从事大型或者单一业务的公司，可以较大多数个人或者私人公司对更多的资金具有控制权，也正因如此，用亚当·斯密的话说："这种操作能被简化为一个流程，或者成为不存在变化的标准化方法。"

通常，这些公司里最有利可图的就是银行。确实，以上提到的全部有利条件都是与众多银行相伴相生的。一家老牌银行具有市场"声望"，这就意味着一定的市场"特权机会"，虽然并没有法律赋予它这种形式上的专有权利，但人们在意识上已经赋予它了。银行业务应该是简单的，如果很辛苦，那就说明哪里出错了。银行经手的证券只能是那些很容易售卖并且可靠的，因为它持有的借贷资金可能随时会被赎回。一旦陷入困难或受到质疑，其安全性就会降低。也存在个别案例不能用预想理论解释的情况。但是银行业务同现存的其他业务一样，有一些固定规则逐步被确立，这应该是所有业务的共性。一家具有悠久历史的银行在简单业务方面具有绝对优势，同时具有成为垄断业务的部分优势。在某种意义上，与这样的银行进行竞争像是开放式的，就如同与“伦敦酒馆”竞争是开放的一样；然而若真的同其竞争起来一定会付出昂贵代价。

创立银行最主要的收益在于对小规模自有资本的充分运营。银行唯一需要的，就是“精神上的影响力”，而不需要更多东西。因此，虽然银行家仅与最可靠的证券及产生最低利息的证券打交道，他仍旧可以通过其自有资本的充分运营获取大量收益，因为在他手中的资金比其自身资本大得多。

一些简单的数据即能证明这些结论。我们在本文最后提供了英格兰、苏格兰和爱尔兰110家银行的各自利润，除了英格兰银行，我们掌握了上述这些国家银行的充分信息。毫无疑问，哪怕在当地股票交易所的清单中也找不到上述任何信息，在大多数情况下，那些银行也不会公布什么报告。考虑上述银行红利分配情况，我们将结果公布如下：

	公司数量	资本
>20%	15	5 302 767 英镑
15% ~ 20%	20	5 439 439 英镑
10% ~ 15%	36	14 056 950 英镑
5% ~ 10%	36	14 182 379 英镑
<5%	3	1 350 000 英镑
总计	110	40 331 535 英镑

也就是说，超过25%的银行可利用的资本，需要支付超过15%的红利，同时62.5%的可利用资本需要支付超过10%

的红利。[①]而这在其他股份制公司中是看不到如此可观的结果的。

在这个时期，上述所指账户肯定不是特别赢利的，相反，这是最不赢利的账户。当时的状况是，利率水平相当低，市场上的优质证券数量相当少。许多银行——某种程度上是大部分银行——可能有其各自关于1866年的痛苦回忆。普遍高涨的市场情绪蔓延至整个国家，尤其是银行贷款最多的阶层更加狂热，随之而来的是，即便最谨慎的银行（那些乡镇银行和受保护情况下生存的银行）的损失可能都超过以往。但是，即使通过这种苛刻的方式测试，银行业务的利润仍旧较其他领域利润的平均值高出很多。

整体而言，这些银行都没有过度分红——相反，它们反而积累了大约13 000 000英镑或者几乎相当于资本总额1/3的资金，这笔资金主要源自未分配利润。它们中的某些董事热衷于尽可能多地储存，并尽可能少地分红。[②]

理由很明显，那些红利支付水平超过20%的银行，除一家外，其他所有都不是历史悠久的银行，而那些红利支付水平

---

① 所有英国股份制银行的利润在1913年损益表公布的数额为13 400 000英镑，其中9 100 000英镑作为红利被发放。英格兰和威尔士银行的平均红利为15.2%；苏格兰银行的平均红利为15.8%；爱尔兰银行的平均红利为10.4%。累计平均红利已付资本为624 000 000英镑，占比为14.65%。

② 截至1913年底，所有英国的股份制银行累计储备中，红利分配为45 400 000英镑，资本金为65 000 000英镑。

在15%~20%的全部都是历史悠久的银行。之前提到的“特权机会”在这类数据中表现得异常显著；它使银行可以有更多的可支付红利，没有它则会减少可支付红利的数量。显然，利润的数量与“特权机会”的价值成比例。所有红利支付水平超过20%的银行，除了一家，基本是些历史超过25年的银行；所有红利支付水平在15%~20%的银行，也均是具有较长历史的银行。一家新的银行不能创造这些利润，甚至会因为竞争大大减少这些利润；它们越是试图赚取利润，可能破产来临得越快。由于缺乏经年累月积累的信用，在新银行获得这种信用之前，大多就已经在市场上消失了。

这种机会的价值也与为获得这种机会所付出的代价成正比。一些古老的银行需要为其所有资金支付利息，而另一些古老的银行不需要支付利息，就拥有很多资金。若给客户分得更多，当然留给股东的就少了。因此，在苏格兰这种逐日计息的地方，下列清单上的银行没有一家支付超过15%的。苏格兰银行利润分配情况如下：

	资本金（英镑）	红利分配（%）
苏格兰银行	1 500 000	12
大不列颠利嫩公司	1 000 000	13
苏格兰人银行	125 000	10
	资本金（英镑）	红利分配（%）
克莱兹代尔银行	900 000	10

（续表）

苏格兰商业银行	1 000 000	13
苏格兰国家银行	1 000 000	12
苏格兰北方银行	280 000	10
苏格兰联合银行	1 000 000	10
格拉斯哥城市银行	870 000	8
皇家银行	2 000 000	8
合计	9 675 000①	

银行利润丰厚，但是英格兰银行的利润与伦敦威斯敏斯特银行的利润，及南部那些最赚钱的银行利润来源则一点都不同。

说真的，以这种方式测算，英格兰银行支付的红利水平较其他英国银行要低。英格兰银行创造了大量利润，不过彼时它的资本金也是巨大的。因此，英格兰银行遭遇了两个困境。由于较其他股份制银行存续时间更久，它属于利润较低的那一类。英格兰银行建立时，银行主要靠自有资本获取利润，通过票据发行而非利用存款来获取利润。那个时期，银行与国家的联系更多表现为一家财务公司而不是一家银行，更不是我们现在熟悉的银行业务。如果当时银行不给政府提供贷款，那么英格兰银行就不会存在，因为政府不会再承认它，当然，以现代

① 在1913年，在已付资本为9 241 070英镑基础上，苏格兰银行的分红为1 437 200英镑。分配比例为20%，免缴所得税为5%，免缴所得税率，经常由一些相对较新和不重要的银行支付。

的观点来看，我们可以质疑银行是否必须为政府提供贷款。相对其他银行，英格兰银行的资本并没有相对很高，其创造利润的方式也相对较少。依照惯例，英格兰银行维持了大量非赢利的现金储备，其规模远超其他银行；如果它不继续维持这个现金储备规模，那么我们的整个系统必须发生改变，否则我们会遭遇彻底的破产。英格兰银行营利机构的比例低于其他银行，而其红利分配的数额却远高于其他银行。

比较股份制银行的实际情况和我们对它的担忧是十分有趣的。在1832年，奥弗斯通勋爵观察到："除了扩大责任方面，股份制银行几乎在每项银行业务上提供的保障行为措施都是不足的；银行业务需要特别的从业人员，他们关注业务，注重细节，对每笔交易随时保持警惕，从不松懈，在上述方面，银行对其从业人员的要求远超其他商业和贸易。同时从业人员也需要具备根据各种状况迅速判断、果断决定的能力，在多数情况下，他们根本没有进行咨询的时间就需要进行决策；同时依据各种特殊情况，从业人员需要行使自由裁量权。股份制银行当然也会通过代理履行职责，但这并不占主要部分。因此在一般规则约束下，对于各方责任的差异程度，他们没有一本好的参考书可以学习；各种情况下，银行业务究竟处于有利还是不利位置，他们也没有明确的参考指导；当突发紧急状况时，如何调整援助方案，他们也没有这方面比较准确的参考书，他们并不清楚在哪种情况下，状态是可喜的，哪种状态是需要警惕的。”

尤其在这个方面，股份制银行改善了银行业务。在过去，古老的私人银行常常为私人提供大量贷款；如奥弗斯通勋爵提到的，银行家虽然没有建立一套安全机制，但是他们建立了自己对贷款人偿付能力的判断和直觉。当伦敦相比之下还是座小城时，以及当每个人都坚持做自己合适的业务时，上述行为就是安全的。但是现在伦敦已经非常巨大，没有人能够监管其他任何人，再像过去一样进行贸易，结果可能是灾难性的；目前，可能在一个乡村的小镇上按照老办法运营都不安全。股份制银行完全不适合奥弗斯通勋爵所指的经营方式，也不适合我们现在所处的时代。

股份制银行的成功完全与公众预期相反。不仅是私人银行家，比如奥弗斯通勋爵，甚至有相当数量的思考者认为股份制银行很快会自我毁灭，并在国家制造恐慌很大的金融崩盘事件。在 1830 年到 1840 年，整个英国的商业文献充斥了这种想法。即使到了 1845 年，R. 皮尔阁下仍然认为创立股份制银行是危险的，它将遭受极大的异乎寻常的挫折。在他提议的 1845 年法案中认为不应该建立股份制银行，除非股份制银行的股票中每 100 英镑有 50 英镑是已付清的，这样才会有效地检验股份制银行的进步，因此在法案生效年间，新银行很少能够建立，直到该法案被废止。与许多其他方面一样，在这个方面，也许 R. 皮尔阁下是眼光独到的，但并不是富有远见的。他害怕看到所见的股份制银行在自己周围如雨后春笋般建立起来；然而R.皮尔阁下倡议通过的法案在效果上只是给特定银行披上了保护外衣，即使不是赋予特定银行一定的垄断特权，也发挥了使其免于新对手竞争的作用。现在已经没有新的私人银行成立了，同时R.皮尔阁下通过法律也阻止了新的股份制银行的建立。虽然他极其怀疑在1826年到1845年间建立的股份制银行，然而实际上他成了它们的特殊庇护者，没有人比他更加鼓励和保护这些股份制银行。

在这些了不起的成功中，存在两个疑点，两种不同的考虑模式使我们无法将其推广至其他国家，包括那些具有合作能力的国家，在这些国度中，股份制银行取得了跟我们在英国看到的一样的成功。第一个疑点，这些大型银行并不需要根据负债水平来维持巨额的储备，虽然对拥有一级体量的银行来说，自然需要维持这种量级的储备。当然股份制银行最初的规模较现在相比，要小得多。很多私人银行家以英格兰银行为核心进行分组，于是股份制银行也加入这些分组中。它们应该在英格兰银行成立之前就维持自身储备，然而在没有英格兰银行的情况下，它们也不会维持其应维持的储备水平。并在很长时间内，它们的这种行为也不会被察觉。关于“通货”的问题，尤其是针对1844年法案的问题，持续多年成为从事该领域研究的专家们的关注重点。甚至那些最急于证明股份制银行不好的人也没有发现上述这个特殊的不利条件。据我所知，第一次在重要的文件里提及此事，是在1857年，英格兰银行行长魏格林先生给财政大臣乔治·刘易斯阁下的一封官方信件里首次提及股份制银行银行储备一事。乔治·刘易斯阁下要求英格兰银行的行长和董事们分别给出他们对1844年法案的意见，并将所有观点公之于众。在信中，魏格林先生这样写道：

“若将英格兰银行与股份制银行的储备数额进行比较，一种迄今为止，新型且很少被考虑的关于国家信用的危险来源逐渐展现出来。通过公开账目判断，伦敦的股份制银行的存款额是30 000 000英镑。股份制银行的资本额不超过3 000 000英镑，同时它们大约有平均31 000 000英镑的各种渠道投资额，而为应对如此大规模负债，股份制银行仅留存2 000 000英镑的储备。”

然而在当时，这些发人深省的语句很少引起大家的思考与讨论，整个金融界被其他问题蒙住了双眼。在本书中，就此事已经做过很多论述，此处不再赘述。目前，股份制银行将主要存款储备交由票据经纪商保管，或者投入优质的可兑换生息证券。股份制银行利用这些方式获取了大量收益，这些收入自然令其利润水涨船高。若股份制银行不得不去维持超过目前水平的非赢利现金储备，它们的红利将会减少，而其取得的成功也不会如此显著。

第二个疑点，许多冷静的观察者逐渐发现大型的股份制银行将自身与政府捆绑起来。那么这种管理方式能保证数百万资金的贷款及存款安全吗？众所周知，股份制银行由董事会和总经理管理，在伦敦有不计其数的人才资源可以组成优质的董事会。这里有为数众多的具有优质资产的、睿智的、富有远见的、精通业务的人，他们每天出现在伦敦城，也有大把的时间，可以在那里待上一整天。一位主要利用自有资金的商人通常有大量的空闲时间。他需要密切关注市场，并了解最新的资讯。虽然每天他都有些业务需要进行交易，但是交易量都很小。其资本仅能承担有限数量的购买；如果他购买过多，将占用自身过多时间，如此日复一日，他将很快破产，或者不能再提供巨额的支付。于是，很多优秀的商人很愿意成为董事会成员，参与公司业务，主要是出于就业目的的考虑。获得一份可以带来尊严和权力的职位无疑会让商人非常愉悦。随着大城市商业累积的增长，这类商人数量也在增加。在伦敦可以毫无困难地寻找到严肃的、谨慎的、富有经验的商人，也很容易为一家大型银行组建委员会，而上述情况在以前是不可能的，在其他地方也是不可能的。

在伦敦城内，雇用优秀的银行家成为经理的便利条件在世界也是前所未有的。这类人的数量也大大增加。任何谨慎的在数字方面富有经验的人，以及具有真正审慎特性的人，很容易把自己培养成优秀的银行家。资金通过银行家被安全贷出的模式并不多，一位头脑清楚、安定的、勤勉的人将很快学会这些必需技能。我们认为有关不动产错综复杂的法律妨碍了国家银行业务的发展，因为它需要积累一定的专业知识，要去理解充满技术性词汇的法律条文，还要对该领域发展的历史有一定了解。但是大型城市的银行业务很少关注地产方面的贷款。一位银行家需要的有关领域知识均可以从从事该领域工作的人那里轻松获得。毫无疑问，有大量的工作规范需要学习，同时一家大型银行的经理需要具备迅速灵活处理交易的能力。然而大多数人的现代思维是从早期规则获取的经验逐步演化而来的；他们学习这种规则就像学习一门语言，如果不继续学习也会像荒废一门外语一样容易。那些能做到抛弃旧规则的人，将获得几近神奇的能力，并能够迅速影响与该规则相联系的业务。只要没有特别的障碍，在现阶段的伦敦很容易发掘一位非常优秀的经理人、组建一个非常优秀的董事会。

可能有人会问，除此之外，还有什么必备条件吗？我的回答是，太多了。一个完美的董事会真正能做的体现在就经理提交的问题或该机构的其他成员提出的议题形成一个良好决议。一个 15 人或者 18 人组成的董事会与同等数量甚至超过同等数量的交易业务数量完全不是一回事；如果发现这些数量的人员是正合适的，那么很幸运，会议将有利于业务的指导。而实际上，上述数量的成员在参与会议时，哪怕关于很简单的实践问题，都是一个沉闷的过程。其中许多人希望参与每个时刻的决策，然而有些人——也许是其中最优秀的人——仅是很慢地在陈述困难。十分常见的情况是，除非某项讨论被严苛的主席进行了密切的监管，否则一些决议将立即付诸实践；而有时这样的讨论就一个问题会提出很多无法解决的严重问题，并提出许多需要解决的新问题。讨论这些问题所占用的时间将导致大家无法通过会议来监管一个更大更复杂的业务。

上述并不是唯一的困难。不仅董事会真正监管一个大型业务超过董事会整体愿意支付的时间，同时也需要超过董事个体愿意提供的时间和思考。这些董事仅在有空余的时间和富余精力的情况下，为银行业务提供服务。他们不愿意给银行提供更多的时间和精力；董事们的其他时间和精力都是为他们保障自身业务的安全时刻准备着，若其将自己的时间与精力从这些事务上转移开，那么这些人可能就破产了。董事中的一小部分人还有其他业务，或者也是其他业务的合伙人，那些产业才是他们可以依赖的，那些判断才是他们可以信赖的；董事中也可能有一两个人已经从商界退休。对大部分人来说，一家公司的董事不可能主要为该公司事务操心，而忽视自己的业务，将自己置于破产的风险中；如果他们破产了，他们的信用中止，按照惯例，他们也没有资格继续担任董事职务了。

即使通过这群富有的、有能力的十五六人对业务的监管有可能实现有效性和持续性，最大的业务也不能轻松地承受这种监管的支出。我强调富有，是因为监管一家大型银行的董事会成员必须是那些审慎的有钱人，否则他们会使银行信誉扫地；对于富有的界定并不是董事们需要坐拥数百万资产，而是他们需要拥有处于合理数额的交易资本并拥有合理数量的业务。但是这类人提供的劳动，此处不是指其富余精力，而是他们主要投入精力付出的劳动，是非常昂贵的。商业确实是件高专业度的行业，需要具备一定的实践经验、知识、技能、法律甚至医学常识；同时还需要拥有一定的财富。一位纯粹的商人，在其完全精通的贸易中，不仅能够通过一定合理数量的资本赢利，同时也能够因其专业技能获取一大笔收入。因为商人可以通过聪明才智和资金获取收益；所以如果期望银行董事会这

16 或者 18 个成员放弃原有的有利位置和不菲的收入，全身心地投入股份制公司的事务中，那么薪水一定大大超过大家对银行可承受的支付预期。

通过董事会实现股份制公司的有效监管是不可能的，存在巨大风险，公司整个业务的管理可能落入总经理手中。许多已经发生过的不太愉快的事例都证明了其危险性。股份制银行的业务规模较小，授信的存款额越来越少，有时一位经理进行欺诈行为就是危险的，更常见的是，这些错误可能带来毁灭性的打击。实际性的犯罪虽然并不多见，但是，未经监督的大型银行的经理对数不清的巨额资金拥有控制权，我们一定会看到：重量级的诱惑有时会将人性的弱点暴露得更加彻底。但是错误可能远比欺诈更加可怕：一位乐观的经理犯下的错误可能远比一位不诚信的经理的盗窃行为带来的后果更加严重。轻信和误解通常比长期的欺骗更加普遍。一位大胆的貌似可信的经理，在完全出于好意的情况下，所犯错误对银行造成的损失远超过一个心怀鬼胎的经理进行隐瞒或者精心策划的结果。如果将银行业务过失和欺诈行为造成的损失都暂时放到一边，由于轻信和误解犯下的错误将是无比巨大的。对于银行管理来说，再没有比一位热忱的活跃的经理带来的危害更大的了，产生这个问题的原因在于董事会监管公司业务的人数过多，虽然董事会是由优秀的人组成的，但是经理能够轻易落入危险的、不可靠的交易，却没有一个机制能保证董事会对其进行有效的审查。

补救的措施是：首先，股份制公司需要一定数量的董事，不论是那些较他人有更多空闲时间的董事，还是那些准备将其大部分时间卖给银行的人，他们务必组建一个真正的工作委员会，董事会务必保证经常召开会议，务必调查每笔重大交易，务必熟悉每个大型借款人的财产情况和稳健情况，务必保证与经理人进行持续的沟通，使其不可能从事董事们不知道的危险级的冒险交易，并使董事会有机会来禁止它。尽可能实现在所有情况下，董事们都有禁止危险行为的能力；所有的委员会都是谨慎的，他们是一群从大城市中挑选出来的谨小慎微的商人，由这些人组成的委员会若存在犯错的倾向，则通常发生在预防方面。令一家大型银行远离专制的、活跃的总经理的轻率安排，其最充分的保护方法是建立一个能够胜任工作的小规模委员会，该委员会经由董事会成员授权，构架类似内阁，由这样一群人来指导董事会讨论的议题和内容。在这样的组织结构中，欺诈行为很少发生，即使在现在，这样的组织构架发生的错误也较少、较小。

这类委员会隐性地存在于大多数大型股份制银行中。他们真正的机制并不为人所知。没有客户或者股东了解管理委员会的名字，可能在所有这类大型银行中都存在这种情况。这是个非常严重的错误。大型存款方应该对处置自身资金的委托人具有知情权；同时一位大股东也有权利知道谁在代表自己的利益，并进行业务安排，或者谁有可能让自己陷入破产的困境。委员会应该由一群冷静的商人组成，确定人选的方法可以主要通过对良好的品质和判断能力方面进行考察。如果公众和股东对委员会具有足够的知情权，他们就有充足的理由来获取信心，而现在并不具备这样的条件。

这种委员会由一定数量的董事轮流参与，而不是以常务的形式确定下来。该委员会承担的责任是无穷尽的。而一个不断调整的机构不存在任何责任。一项在周一被董事会批准的交易，可能会在周三被同一批人否决。这就是大多数商业决定的本质，尤其是银行业务，它们常常由同一批人进行决策；交易链上经历的思维方式也往往相同。如果总是相同的这群人，那么大部分业务都被一群波澜不惊的二流人群不好不坏地管理着；但是这些业务根本不能被一群不断变动的团队管理，哪怕是那些最聪明的人。当然，可能也会试图通过变换内阁的方式来推动国家事务。

我们最伟大的股份制银行在小心谨慎地隐藏其管理细节、使其免于被讨论方面的任何行为都是轻率的，为了避免风险，甚至连讨论都没有。毫无疑问，答案应该是："对它放任不管吧；正如你已经承认的，从来没有银行取得像我们这样的巨大成功；你还要奢求更多吗？"而我只能承认我想要进一步证实这是个巨大的成功，并保障其在未来是安全的。至少目前存在极大反作用的可能性。假设，由于其管理的缺陷，甚至连伦敦更大的股份制银行都倒闭了，那么整个系统都会遭受质疑。如同一个未知领域被发现是存在缺陷的，那么几乎所有其他未知领域都会遭到怀疑。如果银行这些年拥有的真实管理情况被知晓，如果存活下来的银行并没采取摧毁其他银行的不良管理模式，那么该银行的倒闭就是无害的。其他银行将会免受摧毁那家银行的相同因素侵扰。但是目前，若那些大银行其中之一被摧毁，将会大大损害银行整体信用。很少有人能知晓个人的精确管理方法；这种管理绝不应该是建立在权威之上的；一个人因重大管理不当导致失败的案例可能被用来证明其他人易于出现类似的管理不当失误。即使事后发现了一个有水准的制度，也无法挽救现存银行：当因各种需要被大家翻旧账的时候，它仍将不断遭受质疑。一个充满怀疑的世界将认为：“他们当然会宣称自己现在非常完美；他们说什么都没用。”

不仅是这些大型银行的存款方和股东对其良好的管理存在巨大兴趣，公众也是如此。通过与银行负债进行比较，我们发现股份制银行的储备规模是相当小的；我们发现随着大型银行的增加，储备相比负债的比例反而减少了；我们发现对于银行储备最大的压力在于“恐慌”。现在，没有什么因素有能力制造恐慌，也许没有因素具有足够的能力制造一场波及伦敦一流的股份制银行的倒闭潮。具有这种摧毁能力的只有类似奥弗伦－格尼公司倒闭等事件；其他事件很少能具有同等的摧毁能力。因此，在我们银行的现行体制下，这些大型银行的管理对我们所有人都具有重大意义。

第十章

私人银行

也许有些阅读过上一章某些内容的读者会认为我一定是个股份制银行的潜在反对者。无论如何，我指出了在股份制银行制度中所包含的巨大缺陷。恐怕这一章的读者可能也会有类似的看法，即认为我是私人银行的反对者。而我希望给同时阅读过这两章内容的读者留下这样的印象：我对某类银行并没有特殊偏好，仅在客观公正地陈述我所发现的事实和理论。

能够想象在私人银行的初创阶段，没有比其更好的理论和更成功的实践了。一位拥有大量财富、广泛信用和显著能力的人士极有可能获取邻居在资金方面的信任。这种信任完全建立在个人声誉上。邻居认识他，并因熟识而信任他。他们看到该人士的日常行为，并据此判断可以信任他。在一些农业地区的早期，个人极不情愿在自己赖以生存的地方因所谓的劣迹而毁了自己；他在当地进行了大量消费，同时他也存在在当地进行投机行为的机会。一旦他的行为动摇了大家对他的信任，那么这样的行为也将迅速被其居住地的同胞知晓。即使是在大城市（那时已经存在一些这样的城市），大家也能够调查这个引人注目的人物的真实背景，并且知晓支撑这类人物信用的实质内容究竟是什么。于是，这位银行家通过了长期如此严格和持续的调查后，将会变得非常富有，同时也具有非常的权力。

“伦敦银行家”的名号尤其具有令人着迷的价值。他将代表，并确实常常能够代表某种确定的金钱智慧和良好教育，银行家包含这样的隐含资质在该社会的其他地方并不多见。在某个时期，交易各方较如今都粗鲁许多，许多私人银行家具备一些就连现在的银行家都很少具备的广博知识和巨大成就。银行家所处位置确实非常有利。该职业是世袭的；银行家的信用从父亲传递至儿子；这种继承的财富很快带来了继承的精细化。银行业是一种审慎的非体力活动。一位银行家，即使拥有大量业务，也需要确保其所有业务都是稳健的，并仍然具有富余的思考精力。他可以将拥有的部分时间和思考精力投入其他买卖中。如果一位伦敦的银行家愿意，他也将同世界上最顶尖的精英阶层交往。也许从来没有一个职业能像伦敦的私人银行家一样幸福和快乐了。

显然对这种阶层的持续性提出质疑是让人痛苦的，然而，恐怕我们必须对此提出质疑。一些数据证据对其不利。1810年，在伦巴第街有40家私人银行成为清算机构，而现在仅存13家。[①] 虽然银行业务在1810年以来获得了迅猛的增长，然而该种类银行的数量已经较当时有所降低。也许现在的状况也不是最糟糕的，因为私人银行减少的趋势从未改变。虽然在商业世界中也许不存在什么不可能，但是每个人都承认“你不可能再找到一家新创立的私人银行了”。在伦敦找不到这种类型的银行，在全国这种现象已经持续了很多年。旧有的私人银行或被吞并或者终止业务，因此私人银行的数量不断下降；也没有新的私人银行成立，因此私人银行的数量也没有获得补充。

事情的真相是曾经支持私人银行创立的环境条件几乎成为历史。世界越来越大、越来越复杂，准确判断谁富有、谁贫穷，已经不是一件容易办到的事。毫无疑问，在英格兰，存在某些拥有巨额财富的人，所有人都知道他们拥有的财富，并对此毫无异议。但是他们不再是可以背负私人银行巨额负债的那群人。如果他们是靠此发家的，他们可能还会维持；但是现在的这群富豪将不会为自己创立一家私人银行。一旦他们创立了私人银行，我猜人们可能会因此质疑他们的财富。可能会有这样的说法：“A开设银行想要干什么？他可能并不如我们想象的那么富有。”一位百万富翁的财富通常由于负债而缩水，而大型银行的本质就是大量的负债。毫无疑

① 现在这个数字为1。白芝浩先生提到的13家中的11家已经被并入或者转换为股份制银行，还有一家已经不存在了。

问，存在很多“二等”富人，如果我们要计算他们的财富数额，在他们真的可以经营一家私人银行的情况下，这些人会将其私人银行的利润计入其收入中。不幸的是，他们并不具备经营一家私人银行的资质。他们的财富没有充分被世界熟悉；他们无法获取必要的信任。所以，导致的现状是，新的私人银行并未建立是因为拥有一等财富的人不想建立它，而那些不具有一等财富的人又不具备开私人银行的实力。

最近，私人银行也遭遇了一种在其起源之时未曾遭遇的竞争。由于我之前提到的那些变化，股份制银行开始同私人银行展开竞争，而在过去的时间里，这是不可能的事；英格兰银行在银行业的联盟规则方面具有垄断权，但是现在大型存款性股份制银行跻身伦巴第街最显赫的银行之中。它们拥有巨额可偿付资本和为人熟悉的公开账目；它们以此作为持续不断的广告，而个人不可能用自己的钱去做广告。在股份制银行不断进步壮大的过程中，它们也有效地阻止了新私人银行的创立。

相较而言，私人银行目前的业务量是完全未知的。它们的资产负债表成为一种本质上的机密，并处于严格的监管下。[①] 除了少量的大型私人银行，大部分私人银行几乎没有什么业务。在特殊情况下，伦巴第街的普通判断可能不够正确，但是对于一般理论来说，伦巴第街的判断还是比较准确的。存在少量众所周知的特例，普遍

---

① 通过 1891 年它们之间达成的谅解，几乎所有相对重要的私人银行都开始公布账目。

的观点认为，在伦敦，大多数私人银行家的存款有减少而非增加的趋势。

对于小银行来说，存款减少是一种自然趋势。一家大型银行常常有雪球愈滚愈大的趋势，而小银行常常有愈来愈萎缩的趋势。人们为自己选择银行家的时候，自然选择当前最具信用的，而那些在手中拥有最多资金的人就是拥有这种信用的人。这就是历史悠久且富有实力的银行拥有“特权机会”的原因；在其运营业务时，较其他竞争者具有优势地位；较老牌竞争者具有巨大优势，较新进入者具有压倒性优势。伦巴第街那些初来乍到的新人均以结果为导向进行判断；他们为有实力的人提供更多；他们将资金交给最大的银行，仅仅因为它是最大的银行。我承认，对于最小的银行在未来的金融市场上是否仍然占有一席之地，我持悲观态度。[①] 这些人脱离不了旧的思维模式；虽然不存在致命性的毁灭和突然灭亡，但是私人银行的衰退是普遍趋势，其业务也存在很好的替代者。

不论表象显露，还是规律趋势，伦巴第街的业务迟早会被股份制银行和少量的大型私人银行瓜分。到那时，我们需要问自己一个问题，这些大型的私有银行会永远存在吗？我可以肯定地说，很遗憾它们一定不会存在，若盲目地断言也是不负责任的，下面是私人银行遭遇的极大困境。

继承一份重量级业务是危险的。这种量级的业务需要的资源

① 它们没有这样做。许多更重要的私人银行将自己改制为股份制银行，同时相当多没那么重要的私人银行被股份制银行兼并。

大于一般产业，需要的能力水平超过平均水平。但是根本不存在某种保障使私人银行可以有规律地在每个世代延续。奥弗伦－格尼公司在商业中犯错的典型实例，也是这种错误的最佳警示案例。继承者的聪明才智（此处的聪明是针对特殊职业目标）能够超过初创者和该机构的第一任经理人的情况并不多见。可能就在几年的时间里，原先的经营规则传递至下个世代，而该世代愚蠢地突破了可想象的无能的一般界限。在更短的时间内，这些愚蠢的继承者迅速将繁荣的局面引向毁灭，使富有的企业走向破产。所幸，这类超级蠢蛋并不多见；同时经营一家银行所经历的困难也不如一家票据贴现公司。一家大型银行的业务需要多方面的能力，更加需要珍贵的专业经验和冷静的判断。江郎才尽和枯木逢春等神奇的事情都可能发生。因此一家伟大的私人公司可能由于一些愚蠢的掌舵之人而变得腐朽不堪。

值得高兴的是，在伦敦还没出现这样的案例；确实，迄今为止我们很难得到这样的机会。直到现在，私人银行规模仍然很小；这种规模之小是以我们目前对银行的判断标准而言的。在紧急状态下，管理私人银行仅需中等水平的能力和谨慎程度就足够了。但是随着银行规模的增长，管理银行需要更强的能力，管理传承的困难才会开始显现。“父亲拥有伟大的头脑并创立了业务，但是儿子头脑稍逊，因此丢失了业务，导致业务量缩减。”这是所有伟大君主制的历史轨迹，这也可能是大型私人银行的历史轨迹。奥弗伦－格尼公司案例所表现出来的特性——至少，其中一种特性——就是这类公司的共有缺陷。最富有的合伙人给予管理的关注度最低；当他们发现丧失信用会毁了他们时，他们便不再关注管理并将其转变成公司制。而实际上他们什么也没做；哪怕他们做些什么阻止企业进一步的损失，也许该公司还能够存在并在当今社会获得最高信誉。恰恰是其损失的公布造成了他们的毁灭。如果他们仍旧延续私人合伙人关系，他们就不需要公布这些损失：他们可以悄悄地在其已经积累的巨额利润中将这笔损失消化掉。他们手中拥有其他人的上千万资金，没人会因此感到不安。奥弗伦－格尼公司的失败引发了席卷全国的动荡，然而直至最后才发现该公司受到相当广泛的欢迎，享有极大声誉，并未受到想象中的削弱。在农业地区（我通过经验知晓此事）没人说该公司一句坏话，及那些你假设会讨论的闲话。大祸来临是由于在变动时期，这家古老的私人公司合伙人——尤其是格尼家族——为新公司担保，承担之前的损失：这些损失的规模远超预期。为了应付那些必须偿付的款项，格尼家族不得不出售地产，导致了大家对其产生了破产预期，而正是这种破产预期摧毁了它的信用。如果不存在这类担保，也不存在地产售卖，如果这笔巨额损失安静地躺在隐藏账目里沉睡，没有人会对此产生警觉，那么奥弗伦的信用和业务可能会直到现在仍旧存在，并且该公司仍然是我们最早成立的几家公司之一。由于私人银行和票据贴现公司的保密本质，其在传承良好管理经验方面将陷入最大困境。

上述危险其实可以通过不断注入新的、有能力的合伙人来克服。老旧血液的退化可以通过优质的新鲜血液来补充。上述观点其实也存在新的问题，貌似看起来没什么价值，在实践中却发挥着真正的影响力。新合伙人的加入往往需要旧合伙人让渡一笔相当大的收入；旧合伙人失去的就是新合伙人得到的，无疑，旧合伙人当然不会喜欢这样做。因此，有效的补救办法会产生令人相当痛苦的结果，因此这种措施常常会被无限期拖延。

因此，无法肯定我们私人银行系统的延续性。唯一能够肯定的是，一些小型私人银行的日子到头了，而大型私人银行面临的困境也非常大。同时，大型私人银行能否继续维持良好运营也是很重要的一个方面。现有银行状态是导致其特有困境的原因。比如银行业务以迅猛的速度在扩张着。逐年开立的支票数量越来越多；这种扩张不仅体现在绝对量上，也体现在人均数量上，及与收入对应的增长比例上。大型私人银行在公共账户上进出的偿付数量远超之前规模，导致了业务明细方面巨大的增长。此外，银行家们最近又开始了一项新业务。他们现在不仅经营民众的资金，也为其提供收益。很多人完全依靠股票、信用债券或者外国债券收入生活，上述资产均以息票的形式支付，通过银行完成收集工作。通常充足的信用债券、股权凭证或者债券都由银行来保管，当其看到息票到期，就会将其终止，并进行支付。处理全部细节需要投入惊人的工作量，通常需要特殊的机器进行处理。

运营状况良好的大型股份制银行，就会有这样的机器。一般在执行总经理的办公室也会有这样的机器，因为他经常需要处理银行业务明细，执行总经理投身于这项工作并乐此不疲。他很少考虑其他事务，也不应该考虑其他事务。总经理首要职责之一是建立下级职员的层级制度，并将职位职责界定明晰，使职员能够各司其职，即各职员都清楚地知晓自己能做什么，以及如何做来履行工作职能。然而，在伦敦参与这类业务的私人银行里，通常没有这样的职员。私人银行主要通过合伙人管理：合伙人几乎都是有钱人，这些人不具备掌握大量业务细节的能力，退一步讲，即使他们具备这个能力，这类人也从不准备将其整个生活或者思考精力都用在这个方面。一位已经累积了相当财富、接受良好教育，并具有一定社会地位的伟大伦敦银行家，若这样奉献自己会显得很愚蠢。这样做意味着他将为不舒适的、不愉快的生活牺牲舒适的、愉快的生活。但是大量的业务明细仍然需要被很好地处理；同时必须挑选一些人在这方面进行特别的监管，否则这方面的运营就会出现问题。直到现在，或者最近，大家都没有对该问题有完全的认识。一家小型私人银行的业务明细规模是适度的，可以通过合伙人进行有效监管。但是，如前所述，银行需要处理的业务明细——其规模同银行规模成正比——持续膨胀。如果私人银行不会关门，那么私人银行的规模就会增长；因此对良好的明细管理的组织需求就是急迫的。如果银行成长，其明细规模也按比例增长，若不谨慎对待，则会产生惊人的混乱。

可以想象处于威胁中的组织才是唯一有效的组织。我相信，大型的私人银行存在某些特定形式，或者根据某种名义，使总经理具有为私人银行提供监管、谋划和打理业务明细的职能。该机构精确的存在形式并不重要；每家银行都有自己独特的形式，但是具备上述职能的人必须存在。私人合伙人在私人银行的业务行为与董事在股份制银行是一样的。他们应该成立一个永久委员会与其总经理进行协商，同时对总经理进行监管，尤其要关注大型贷款和规则方面。合伙人自身不应该对细节负责；如果他们这样做了，有两个错误会立马显现：业务明显变得相当糟糕；那些应该为此提供决定性决策的人将从其最主要的事务中抽身而出。该银行将陷入烦恼持续不断的困境，产生不良贷款，导致资金损失。

上述组织形式带来的附加优势是，若确有必要进行转制的话，这类机构可以很容易从私人银行转换成股份制银行。由于提到的便利性和必要性，一家银行很容易并入另外一家银行。关于这个问题不需要继续深入探讨。私人银行的组织结构与股份制银行一样；所有公众对其是否营运良好感兴趣。对更好组织机构的追求可能会导致一家或者多家银行的倒闭；而银行倒闭会进一步增强恐慌，即使它没有达到引起恐慌的程度。

第十一章

票据经纪商

在银行业务各个系统下，不论由多家还是独家银行维持银行储备，总是存在一批人对不同证券的性质都洞察得更加细致，程度远超那些忙碌的银行家；这批人专注于对一类人的研究，也因此对研究对象相当熟悉。因为这些特殊的有资质的交易商在大部分情况下可以贷出超过其自有资本的资本数量，他们常常准备好从银行家和其他人手中借入大笔资金，同时存入优质的证券（这些证券的性质经过了他们的判断），作为贷款的抵押品。他们充当的角色类似在借款公众和资质较浅的资本家间的中间商；他们与普通的资本家相比，更加清楚哪些贷款是优质的，哪些贷款比较差，他们从资本家处借款，并通过以高于其借款成本的价格转借给公众而赚取利润。

许多股票经纪商大规模办理这类业务。他们贷出大笔的外国债券、铁路股份或者其他的类似证券，通过将这类证券存入银行，并从银行家处借入同等金额的资金，一般情况下，并不需要提供担保。迄今为止，这些中间商里最伟大的就是票据经纪商。商业票据是极其难理解的一类证券。不同商人的相对信用成为一个重要的“商业惯例”；相对信用包含着最有价值的信息，并不能从书本中获得也很难通过这类简单描述所掌握。与其相关的领域每天都处于变化之中；在年初，一家完全等同于信誉的机构可能在年尾很容易变成最致命的代名词。所有年份都会发生巨大变化；一些机构表现良好而一些机构运营失败。在一些特殊的年份，这种变化更加巨大；比如 1871 年，许多活跃的商人在年底的时候筹到了许多钱，导致这些商人获得的信用远高于任何人在年初可以想象的程度。另一方面，在 1866 年，波及广泛的破产摧毁了许多公司和个人的信誉，而且站得越高摔得越重。这样的年份完全改变了商业世界最重要的部分；对于票据经纪商来说终极问题是，“哪些票据应该被付清，而哪些不应该进行支付？哪些票据是二等的，哪些是一等的？”这些问题的答案在年初和年尾将有很大不同。如果一个人不了解被称为“当事人身份”的大量商业惯例，如果他不去持续洞悉每分每秒真正损害商业惯例的不可避免的变化，那么他不可能成为优秀的票据经纪商。个人的“信用”，也就是其依赖于金钱上的诚信，注意这里与个人掌握的财产是两码事。毫无疑问，一个有钱人比穷人具备更强的支付能力，这是很公平的说法。但是在另一方面，有些不那么有钱的人却被市场信赖，“这是个商业问题”，其信用大大超过那些拥有其许多倍财富的人。一家公司或者个人因在长期总是“偿清其债务”而知名，这种信任并不是建立在其拥有的财富的数量上。若这些人再次进行交易，其交易数额会大大超过其自有资本；这样的人获取资金的能力依赖于他们的“责任”、他们的“稳健性”，和他们的“信用”，正如专业术语描述的，在这种观念下，与具备上述评价条件的人进行交易就容易得多。交易者主要依靠“汇票”筹集资金；评价其当天支付票据可能性的判断方法是他们的信用；对这类负债评价判断最为准确的就是票据经纪商。这些交易者，利用其特殊知识，从银行家和其他人处借入大量资金；他们通常将这些票据作为证券存至银行，并为优质票据提供自己的担保；但这些实践根本没反映事情本质，仅是一些普通规则。当奥弗伦倒闭的时候，正如我之前提到的，他们就以这种方式进行大量借贷。当前也存在借贷规模类似的人。

通常在这种情况下，票据经纪业务会逐渐成长。在 1810 年的伦敦，并不存在这类可以精确匹配现在被我们称为票据经纪业的业务。理查森先生是当时主要的“票据经纪商”，通过其对“黄金委员会”描述其业务的语句，我们可以得知当时对该专有名词的理解：

对乡村银行而言，代理本质是什么？主要是两个方面：第一，当乡村银行偶尔贴现借贷时，通过票据为它们筹措资金，当然这种情况不经常发生；第二，通过票据贴现，将资金贷给乡村银行。我通过贴现，贷给乡村银行的资金超过我从其借款的50倍。

（你会为了贴现将伦敦的票据拿到乡村吗？）是的。

（你会在一天内收到从乡村运回伦敦的待贴现票据吗？）是的，从某些地方还能收到相当大一笔数量的票据。

（通过这种方式，两种不同类型的票据不会同时贴现，对吗？）是的，票据在一个地方收集上来，然后再散发到其他地方进行贴现。

（它们不会在伦敦进行贴现，是吗？）是的，在某些地方，很少能见到伦敦开立的票据在当地流通，比如诺福克、萨福克、艾塞克斯、苏塞克斯等等；但是有大量的乡村银行发行的票据在流通，以可选票据为主。在兰开夏郡，几乎没有乡村银行票据的流通；但是有大量伦敦开立的两到三个月期的票据流通。我特别从兰开夏郡收到可观数量的票据，然后将其传送至诺福克、萨福克等等，在那里银行吸纳了大量存款，并有余钱为这些贴现票据提供贷款。

理查森先生仅是一位经纪人，为资金寻找票据，为票据寻找资金。他进一步被问及：

（你会为贴现的票据提供担保吗？你是按什么比例收费呢？）不，我们不给它们提供担保；依据贴现的票据，我们的佣金是0.125%，但是我们在贷款的时候不收取佣金。

（你认为佣金是作为你挑选可以进行贴现的票据的报酬吗？）是的，该佣金用于挑选票据、背书和其他问题。

（提供资金的当事人会给你任何形式的补偿吗？）一点也没有。

（难道他不将你作为其代理人？在某种程度上你需要为提供给他的票据安全负责吗？）没有。

（他会不喜欢你在这个问题上依赖他的判断，而希望你提供给他更加明智的选择吗？）是的，他在这方面依赖我们。

（那时，你会对这些票据的安全性有自由裁量权吗？）是的，如果我们认为我们收到的票据不安全，我们会将其退回。

（那时，你会考虑依据大量评估措施以保证业务质量，而不是单凭当事人贷款的喜好吗？）是的，我们几乎都是这样做的。如果我们将自己的业务经营良好，我们会赢得朋友；如果我们不这样做，我们就会失去他们。

很自然，资金的所有者不应该支付费用，虽然票据的所有者是这样做的，因为在大多数情况下，借款者作为资金的寻找者，其或多或少都表现得更为急迫；他常常做好准备给那些为其提供资金的人支付一定费用。但是资金的所有者很少有人希望支付任何费用；

他常常认为，借款者很快就会找到他，这种想法很对。

尽管现在其他条件改变了，但是票据经纪商的客户仍然存在，只不过是分散在全国各地，这个情况与理查森先生在60年前描述的一样。在大多数情况下，农业国家对资金的使用并不像他们存储的那样多；而工业国家对资金的使用量大大超过其存储的资金数额；因此诺福克或者萨默塞特郡将资金转存给伦敦的票据经纪商，他们会利用这些资金来对兰开夏郡或者约克郡的票据进行贴现。

旧的关于票据经纪业的实践仍然存在，这点理查森先生也进行过描述。在伦巴第街可以发现大量的经纪人，手中拥有他们希望贴现但并不为其提供担保的票据。如果他们能够用自己的资本以稍低于他们获取利率的水平将其贴现，乍看起来利率水平是有差异的，但实际上差别微不足道，对此结果，票据经纪商们非常满意，因为这种先贷出再借入的方式使他们能够迅速地实现资本频繁换手，同时可以以几千英镑的资本进行成千上万的票据的贴现；由于交易量巨大，他们就满意于每笔交易很薄的利润，即所谓的薄利多销。在其他情况下，这些不提供担保的经纪人充当的角色仅是为接手的票据或者贴现票据寻找资金的中介。但是在任何一种情况下，只要获得银行家或者其他最终资本家的关注，交易本质上就成了理查森先生所描述的情形。银行家提供的贷款本质上是对该票据的再贴现；在该票据到期支付之前，银行家不能获得偿付回来的贷款。他对为其提供票据的代理人没有索赔权。在这方面我们可以称票据经纪业是一种陈旧的形式，仅是一种简单的银行家可以获取可接受的和可再贴现票据的模式。并不存在评价票据经纪商信用的参考标准；贴现的票据“无追索权”对票据经纪商是非常有利的，无论该票据来源于乞丐还是百万富翁。出借人仅利用自己的经验来判断票据的好坏。

但是在现代票据经纪业，票据经纪商的信用成为一个至关重要的因素。出借人会考虑票据经纪商是否拥有巨额财富，而票据经纪商的范畴也更加宽泛，可能是个人，或者公司，也有可能是某家商号，出借人会收下这些“票据”，其判断依赖于经纪人不会冒险用自己的财富为这些票据提供担保，除非经纪人认为这些票据是优质的。出借人也会考虑，票据经纪商每天都跟这些票据打交道，且仅跟票据打交道，因此他们可能对所有票据的状态掌握得一清二楚，因此是否出借资金一方面依赖于经纪人的财富，一方面与经纪人的专业技能相关。出借方很少自己直接判断票据的好坏：他从来没有对这些票据进行过密切观察。也许在奥弗伦－格尼公司中，只有不到千分之一的证券债权人中会真正依赖那些证券，同时真正关注那些证券。当然这引发了一个问题，即赋予票据经纪商的信心有些过分。相当数量的人会把资金借给他们，不仅没有关注证券也没有采取任何保障。这才体现了现在与理查森先生在 1810 年所描述状况的本质不同：那时出借人完全依赖优质票据；现在，由于业务的特殊性，出借人仅依靠票据经纪商，同时不以任何形式持有票据。这种变化是自然而然发生的，同时也是不可避免的。可以肯定的是，假设票据经纪商十分了解票据，可能被出借人要求采用自己担保的形式，来证明其提供票据的好坏。更加常见的是，票据经纪商通过经常参与这些有利可图的交易获得了较高的稳健性和大量的财富，于是或多或少地有演变为银行家的趋势，从而应该会收到一些存款资金而不需要自己提供任何担保。

这种变化的影响是非常显著的。正如理查森先生描述的过程，不存在能很大程度上影响金融市场的特性。票据经纪商为银行家提供票据，就像其他人给他们提供票据一样；除了银行一定不能贴现劣质票据，不能贴现过多票据，必须维持良好的储备，对此过程也没有更多的要求。但是现代的实践提供了更加复杂的考量。票据经纪业交易存在一个巨大困境，这种困境目前还存在着：票据经纪商需要为其收到的所有资金支付利息。目前能够将资金贷给票据经纪商的出借人，起初常常采用贴现票据的方法，也就是说作为拥有资金的一方，他需要获取一定的利息收入。当他获得经纪人的担保后，仅将这些票据作为抵押担保时，他自然也不会放弃利息：一旦不需要采取任何安全保障的时候，他就更加不会放弃利息。票据经纪商以一种形式或者其他形式为每一便士支付利息，这种提供利息的惯例持续下来将导致一个重大结果：票据经纪商承受不起太多未利用资金。他成为一个拥有大笔待偿还资金的银行家，但是他又不能像一位普通的银行家那样持有过多资金，或者持有很多现金，因为利息的损失将毁了他。竞争可能降低票据经纪商可以获得的佣金，并提高票据经纪商必须支付的利率，因此他赖以生存的利差空间极其狭窄。如果他总是维持一大笔闲置资金，那么他可能很快就完蛋了。

由于条款规定票据经纪商获取大笔资金的方式是存款，因此票据经纪商面临的困境进一步加剧。大部分资金都需要在有需求的时候可获得偿还，甚至是能够实现短期即付。在即将发生恐慌时期，经纪人手中的资金将存在大量的召回需求，在现实中确实如此。在恐慌时期，即使不发生大量资金流出的事情，也常常有大量的资金被召回；同时由于票据经济业务的本质属性，票据经纪商手中不能总是持有一大笔未利用的现金储备，因此他们不得不寻求手中握有现金的人的帮助。通过其交易条件，票据经纪商不得不从属于“依赖资金的交易商”群体，这是我们给他们进行的分类，也就是说，票据经纪商没有自己的资金储备，一旦遭遇具有重大打击的各种危机，他们都需要将资金归还其他人。

银行业务的自然状态是主流银行都拥有自身资金储备，由于票据经纪商或者其他依赖型交易者对资金有召回需求，这类人群将会成为银行储备的主要需求方。在每一场恐慌的初期，非常重要的一点是，储备的持有者都会认为他们自己有能力支持这些依赖型交易者。如果恐慌摧毁了这些交易者，恐慌将进一步膨胀（这是其本性），恐慌也可能摧毁银行，即那些储备的持有者。在这些时期，民众的恐惧表现得更加毫无来由。当一家信用良好的机构倒闭了，那么其他具有同等信用水平但本质属性不同的机构也将面临倒闭的风险。在银行业务自然系统机制下的大部分银行储备的持有机构有支持票据经纪商和小型交易者的责任，并利用自身储备提供贷款。

这是至关重要的一步，即利用银行自身的储备避免资金依赖型交易者破产，而对这类交易者进行保护，反过来也会进一步地保护银行储备的安全。

在上述银行业务系统里，票据经纪商面临大量资金需求的处境也许并不是最可怕的事情。毫无疑问，相当大的资金数额将从他们手中提取，但并不能据此判断票据经纪商需要的资金数额超过其他任何资金交易者的特殊原因。他们与拥有储备的银行家共同承担恐慌风险，但是他们对恐慌的感受并没有银行家那么强烈。在每场恐慌中，面临的大风暴取决于刺激它的因素，而在票据经纪业的本质中并不存在任何吸引大风暴的特性，尤其针对他们的恐慌前期的大量对贷款的需求。他们的处境不会比其他人更加艰难；唯一的不同是当他们确实遭遇困境，在没有自身充足储备的情况下，他们会向其他人寻求帮助。

但是在单一银行储备系统下，票据经纪商的处境就更加孤立和危险了。事实上，在伦巴第街，票据经纪商的主要存款接受者是银行，不论在伦敦还是英格兰的其他地方，不论是苏格兰还是爱尔兰。事实上，这类存款是这些银行的一部分储备；它们通过存款提供了应对恐慌的关键性资金。随后，在每场恐慌中，这些资金面临大量的兑付需求，票据经纪商一定会去银行兑付；在恐慌时期，资金的所有者需要这些资金，因此票据经纪商会去银行进行兑付。“这很有趣，”代表伦敦威斯敏斯特银行的奥尔德曼·所罗门先生于1857年恐慌过后对委员会这样说，“我们知道，在11月11日，我们为经纪人持有的贴现票据数额为 5 623 000 英镑。在这些票据之外，在 11 月 11 日到 12 月 4 日有 2 800 000 英镑的到期票据；在 12 月 11 日到 12 月 31 日，有超过 2 000 000 英镑的到期票据。因此，我们对那些可能遇到交易需求的到期票据准备不足。”这确实不是一笔直接存款资金的兑付需求，但两者的主要影响是完全相同的。在初期，伦敦威斯敏斯特银行对票据经纪商贷出资金超过 5 000 000 英镑，该资金总额超过末期银行对票据经纪商的贷出资金数额；而那笔 5 000 000 英镑的资金，是被银行计入其困难时期的储备中的。

票据经纪商的需求强度将因我们特殊的银行业务系统而恶化。由于票据经纪商的业务性质，当他们不得不诉诸银行储备来寻求必要帮助时，银行为了增加储备，可能不考虑票据经纪商的大量份额。当票据经纪商处于承受压力的极限时，巨大的额外压力会继续施加到他们身上；施加这种额外压力的人恰恰是在自然的银行系统之下，不愿加剧票据经纪商的压力而想给票据经纪商释放压力的那方。

票据经纪业的利润是按比例提升的。银行存放于票据经纪商处的储备成为该经纪人最赚钱的业务部分；存款的整体数额相当巨大，除了恐慌期，在其他任何时期，这笔资金都是非常有价值的，票据经纪商完全可以赖此维持生计。银行肯定将这笔钱交给票据经纪商保管，原因仅仅是它们必须维持储备，同时它们也认为这是最好的存储资金的地点。在一个更自然的系统内，银行储备不会全部放在经纪人那里。银行仅会在经纪人那里存放多余的资金，多余资金不会影响银行系统的安全性，即使在恐慌时期对该资金可能也不存在需求。以银行的视角来看，存放在经纪人手中的资金是其现金投资的一部分，而不是银行储备现金。按照我们现有系统分析，票据经纪商的存款和票据经纪业的利润都会增长，同时存款额与利润总额与票据经纪商在恐慌中承担的风险成正比。

由于票据经纪商的资金需求，减少了银行储备水平，因此在现有系统下，银行储备感受的压力也会比其在自然系统下更大，承受的风险冲击也更多。由一家银行维持全部的最终储备，这样的系统毫无疑问降低了维持储备的数量。同时在这个账户上，该储备面临的资金需求风险增强，因为这笔需要应付需求的资金规模减少了。因此，由单一银行维持银行储备的系统存在两个方面的不利因素：第一，造成经纪人对最终储备的需求增大，因为在该系统下，大量的银行需要为经纪人准备大量资金以满足其资金需求；第二，在单一银行维储系统下，最终储备会降低至最低点，整个信用系统会变得更加脆弱，更加敏感。

在下面所述理论中，单一储备的独特作用更大。在自然系统之下，票据经纪商完全不会成为维持最终储备的银行的敌人。他们更像是银行在出借某些特定证券（那些他们自己不喜欢的证券或者他们不确定是否可以安全出借的证券）的代理人。银行在恐慌时期需要为经纪人提供帮助，因为在正常时期银行从经纪人身上获取了更多的好处。不过，在我们现在的银行储备系统下，上述推论发生了逆转。一方面，英格兰银行从未在票据经纪商处存入任何资金，在正常时期，也从未从票据经纪商身上获得任何好处。另一方面，由于银行本身承担了大量的票据贴现业务，银行认为其本身已经能够出借任何类型的票据，而票据经纪商则是自己的最大对手。由于经纪人们不断为资金提供高利率，很自然他们也会以低于英格兰银行的价格进行抛售，在正常时期，他们也确实是这样做的。但是由于英格兰银行独自维持最终银行储备，在必要时期，票据经纪商会向英格兰银行维持的最终储备求助；因此在每场恐慌中，基于金融市场的制度本质，英格兰银行不得不为票据经纪商提供帮助，以维持这些交易者的生存，而他们在任何时期都不会向英格兰银行提供帮助，并在正常时期是英格兰银行的最常见的竞争者和最大的对手。

可以预期，这一定会导致英格兰银行的不满，事实上此事已经被大家讨论，很多人反对为票据经纪商提供帮助。1857 年的恐慌期间，英格兰银行为票据经纪商提供的贷款超过 9 000 000 英镑，虽然他们也为银行家提供贷款，范围包含伦敦城及乡村，总额仅有 8 000 000 英镑；英格兰银行当时认为，为其对手耗费自身如此多的储备是不合理的，有这种想法也并非不合情理。结果是，在 1858 年，他们制定了一个规定，即他们仅在一年中的特殊时期为票据经纪商提供贷款服务，该时期就是英格兰银行的公共资金储备非常充足的时候，同时在其他时期，票据经纪商的任何贷款申请都是例外，英格兰银行随后据此采取行动。该项监管目标的官方解释是："让票据经纪商维持他们自己的储备，不要依赖英格兰银行。"可以想象的是，这项规定非常不受经纪人们的欢迎，其中最大的一家，奥弗伦－格尼公司决意通过一项特殊的政策来废除英格兰银行的这项规定。它认为应该吓唬一下英格兰银行，以表明双方是互相依存的关系。接下来，它积累了一大笔数额的资金——约为 3 000 000 英镑，存入了英格兰银行，然后马上提取出来。但是奥弗伦公司的这项政策并未产生什么效果，仅刺激大家对奥弗伦产生了不可信任的印象：英格兰银行的信用丝毫未受损失；奥弗伦不得不在几天后重新存入了这笔资金，并承受它试图攻击每个人信用的坚实基础，导致的大家的不满，而事实证明奥弗伦的做法是徒劳的，也是令人厌恶的。但是，虽然这种病态的做法最终以其应得的下场告终，不过英格兰银行的这项规则本身也并不具备可持续性。最终，英格兰银行迫于各时期的压力，不再限制为票据经纪商提供贷款的行为；虽然给票据经纪商提供贷款的行为仍被视为“例外”，但是如果票据经纪商提供的证券是优质的，他们常常可以得到贷款。那么导致的现状就是，虽然英格兰银行非常不情愿为对手提供援助，然而又必须这么做；在危机时期，如果它拒绝提供帮助，则会加重初期需求，同时增加自己的压力。

可能会有这样的问题：这种异常是否不可避免？那么从操作实践方面考虑，恐怕我们必须这样做。但是异常存在减少的可能性，比如票据经纪商不鼓励存款资金的召回，并鼓励存款约定为远期固定时间或者较长期限。这样的操作能达到减少异常的目的，但是并不会完全消除异常。实际上，票据经纪商根本无法拒绝接受资金。在每个市场上，交易商必须根据市场习惯来开展业务，除非他根本不具备开展业务的能力。所有的票据经纪商能做的就是为更多的长期资金提供更好的利率，并且他们目前就是这样做的（虽然可能并没有期望的那么多）。其本质，我认为这种异常是历史遗留给我们的银行业务系统里不可避免的一部分，既然我们不能改变它，那么我们只能对其善加利用。

第十二章

英格兰银行在银行储备方面应该遵守的原则

英格兰银行应该维持的储备数量能立即通过它每周的资产负债表反映出来，这是一个普遍共识。根据假设，只要拥有银行业务部门的负债表，在任何情况下，都可以计算出银行储备数量，因为银行储备数量是其负债的1/3或者某个固定的比例。对此存在很多反对声音，有些源自银行交易的一般属性，有些源自英格兰银行的特殊地位。

一家银行的负债数额是确定其储备适当数额的主要因素；而认为负债数额是确定储备数额的唯一因素则是错误的。负债的本质属性及数值总量都是必须要考虑的。

比如，没人认为应该以那些只有在特定某日兑付的承兑汇票为目标，或者以随时可能被取出的存款为参照物来确定维持银行储备的数额。如果一家银行将这些负债同时列入资产负债表，很难判断出银行应该维持的储备数额，因为并未提供必要信息。

你也不能完全参照存款确定必要的储备数额，除非知晓某些存款的本质。如果一个存款者在一笔 3 000 000 英镑资金之中，有 1 000 000 英镑是用来增加信用的，他可能在某不确定时刻选择将这笔钱提取出来，较简单数学计算的 2 000 000 英镑的留存储备相比，可能需要一笔更大的储备以应对这 1 000 000 英镑的负债。也就是说，负债的强度大大增强了，因此留存的比例也大大增加了。另一方面，假设该单一存款者具有一些可靠的习惯——如它是一家公共机构，其资金需求的时间是确定的，收款时间也是已知的，那么，此负债较其他普通的同等程度的负债量相比，需要较少的留存储备。资金被召回的风险较小，因此为应对它需要的安全保障也就越少。除非大家认为负债的质量及数量不能确定其应付款项，上述办法才会失效。

这是所有银行都适用的普遍真理，尤其对英格兰银行产生了极其特殊的作用。一方面对英格兰银行产生了有利作用，因为通过这种计算口径，英格兰银行主要负债的风险水平降低了。英国政府是英格兰银行的最大客户，拥有最为庞大的账户；因此在和平时期，没有什么账户能够如此容易统计了。所有有关英国收益及支出方面的重要细节完全是透明的；除了战争时期，该账户往来的预期支付数额都能够被计算得相当精确。另一方面，在战争时期，毫无疑问，情况完全相反；战时的政府账户将是英格兰银行所有账户中不确定性最高的，尤其对于一个统治地域分散的帝国，比如英国来说，在战时需要花钱的地方相当多，距离又相当远，因此其支付数量极其难以计算。一般来说，在该过程中，账户信息将很难进行预测，因此为其进行的储备水平也降至历史最低。政府进行的主要支付，对银行来说，是最为有利的类型；在很大程度上，政府会在其银行开立其他账户。政府主要的大型普通支付是针对债务付息，并通过充当国家信用代理人角色的银行完成上述过程。于是，政府利息支出成为从政府账户到各类银行账户重要转移的一部分。毫无疑问，一笔确定数额的资金几乎立即付给了非银行对象；这一批人在家庭储藏钱币和票据，同时并没有在任何银行开立账户。虽然这笔资金通常没有变化，数额也是需要计算的。对于那些监管它的人来说，整个过程常年都没有什么变化。

其中一项重要发现是，英格兰银行的公开账户并没有给公众提供这类信息，公众无法自己进行这类计算。上述提及的账户是英国政府的年账户——或将其称为收支相关的预算账户。我们已经知道，法律对于该账户是有规定的。但是英格兰银行“公共存款”项下的账户，还包含了其他账户，尤其是有关理事会的印度秘书处部分，法律对该账户的规定显然是不同的且不可知的。账户显示，印度秘书处的角色是一个较大的贷出者。如果有人想将此权力赋予财政大臣，将会存在巨大恐惧和强烈抗议。由于该行业如此依赖于习惯和习俗，以至于在唐宁街另一边的印度办公室就不会受到大家的注意，他们的行为很少遭受议论，而同样的行为若是唐宁街另一边的财政大臣办公室所为，则大家普遍共识认为其做法“不稳健”且行为放纵。目前印度办公室保留其独立于公司旧董事会的传统，保持其商业化和商务性，同时习惯于按其喜好将自有资金借贷给证券交易所；印度委员会，其继任者，保留了该权力。没什么比随心所欲更好的了；但是对于具备如此权力的机构却进行了账户合并，该账户也包含从印度吸引资金的情况，因此英国政府据此完全阻止了一般公众从该混合账户进行推理判断出英国金融的能力。当然，英格兰银行“公共存款”账户收益中也包含了其他账户信息，比如银行存款余额、大法官基金账户，及其他收益；因此，到目前发展阶段，公众对我们政府账户的真实变动仍然知之甚少。近期洛先生给我们提供了一个周账目，我们据此具备了对上述账户建立基本判断的能力。英格兰银行的账目及收益，确实是按照不同口径统计的；除了上述问题，我们的知识就是完备的；从几乎所有方面来考虑，我们掌握知识的充分性已经很合理了。现在我们具备计算政府账户的能力，且准确程度几乎与政府的计算结果相差无几。

对英格兰银行进行收益分析对该行而言是十分有利的。大量的银行储备不需要采取盯住政府账户的方法，可以仅将其视为普通账户。我们熟知其变动的规则：我们不仅能够极其精确地判断其发生的主要变化；我们还知道处于这样的变动时，政府支付大部分资金的对象无非是英格兰银行的其他存款者，也就是说，这笔钱仍然留在了英格兰银行，只是换了个账户名称。如果我们留意英格兰银行的私人存款，只要看一眼，我们就知道结果是一样的。迄今为止，最重要的是“银行家存款”；并且，大多数情况下，将这些存款作为整体考虑，则其发生的变化很小。我们可以假设，每位银行家都倾向于尽可能少地持有资金，然而在国内所有交易中，确实发生了资金的转移支付活动。英国所有最重要的交易都是通过支票完成的，这些支票通过“清算机构”完成支付活动，其余额通过在英格兰银行从一家银行账户转移至另一家银行账户而完成。因此，在银行家资产负债表外的支付，与其表内支付保持一致。作为整体，在英格兰银行的银行存款余额乍看起来是一种非常稳定的存款。

确实，银行存款余额的状况看起来甚至比稳定的状态还要好。当所有其他余额都有减少的趋势时，银行存款余额却在增长。在恐慌中，当所有其他存款者都倾向于将钱取走时，银行的存款却会增加；虽然我们不知道更多细节，但银行在 1866 年确实是这样做的。其实，银行会增加存款也是情理之中的事。尤其在恐慌时期，所有银行都极其焦虑，它们试图通过各种方式增强自己的力量，试图具有更多的可支配资金，尽其所能地增加资金储备，并将该资金存入英格兰银行。这些存款在正常时期似乎根本不会发生变化，但在危机时期却会出人意料地增长，从某种意义上说，这是一种存款模式。不仅有很大比例的存款可以进行借贷，甚至整个存款都可以进行借贷活动。经过进一步的分析，我相信我们将发现这个结论是完全错误的；其实银行存款本质上是一种极其危险的负债；对此应该给予最高级别的警惕；较普通存款而言，这部分存款被出借的比例更小，这是铁律。

最容易解释这件事的方式就是用真实案例加以佐证。幸运的是，现在就有一个非常显著的例子。最近，德国政府刚刚从英国取走了大量黄金，一部分源自英格兰银行，另一部分不是，如何分配各机构提取金额，选择权在于德国政府。德国政府当然会接受最好的建议，进行周密的计划，而后采取行动；从英格兰银行提取黄金时，德国政府并没有采取能取多少就取多少的原则，否则非常危险。虽然该政府确实从英格兰银行提取了大量黄金，而且如果德国政府想提取更多，也是很容易的。那么德国政府是怎样获得对英格兰银行如此巨大的影响力呢？答案是，通过银行余额的方式获得。具体而言，德国政府采取了如下两种方式获得了该权力。

第一种方式，德国政府在特殊的股份制银行维持其巨额存款余额。该银行通过自身判断，将该资金借贷给票据经纪商或者其他人，同时在伦敦市场的一般资金项下建立了单一项目。一般来讲，这个过程并没有什么特别的，然而这笔巨额资金若由外国政府所有，那么意义就不一样了，同时资金所有者可能常常对这笔资金有召回需求，这是很常见的事。只要这笔资金没有从伦敦的股份制银行借出，那么它就增加了该银行在英格兰银行的资金余额；一旦这笔资金产生了借贷交易，比如借给票据经纪商，那么它就增加了票据经纪商的资金余额；一旦该资金用于票据经纪商的票据贴现，即资金让渡于那些通过在其各自银行积累自身信用支付票据的所有者，那么它就增加了这些银行在英格兰银行的资金余额。当然如果它被用于外国人的票据贴现，那么这笔钱就被带往国外，同时，通过同样的业务操作，它也可以被转移至英国各郡或者苏格兰。但是，作为一般规则，当这笔钱存入伦敦并且在相当长的时间里都会留在伦敦时，资金就会作为与英格兰银行发生联系的银行或金融机构的存款余额而最终流入英格兰银行。这笔资金一会是一家银行的余额，一会又转移为另一家银行的余额，通常情况下，它也常常也会散布到各地。一个明显的结果是，银行的这部分余额是受德国政府支配的，德国政府有申领资金的权力。假设，那时达到三四百万英镑的资金规模——我认为在去年或者前年，这种规模不止出现过一回，甚至数额更大，这笔钱需要立即从英格兰银行提取出来。在这种情况下，英格兰银行就会陷入这样的境地：它有责任为某一单一客户支付一大笔资金，不仅如此，它需要为不确定的数额负责。德国政府，众所周知，在伦敦股份制银行开立账户（其一定是相当有价值的账户）[①]；但是英格兰银行并不了解德国政府在那家股份制银行账户的权限；它也不能判断德国政府在那里存了多少钱，获取了多少信用。英格兰银行也不能从伦敦股份制银行在本行的资产负债表中判断出什么，也不能判断出德国政府可能付给股份制银行的资金及其借贷的各种资金额度。从某种程度上说，它可能在某种程度上增加了该行在英格兰银行的资金余额，或者也许它不具备这种

① 所举事例虽是过去的事，但是其阐明的原理仍旧适用。

能力，但可以肯定的是，它一定不会大幅度地增加该行在英格兰银行的资金余额；对该行的资产负债的调查甚至不能使英格兰银行以最模糊的方式确定其可能在某时刻提取的整个数额。对银行资产负债的整体考察也不能得出任何确定的、有把握的结论。可能从中会得出某些推断结论，但是该结论并不肯定。这些资产负债毫无疑问都处于持续波动的状态下；并且非常可能的是，在这期间，德国的资金也进出不断。银行余额的任何突然性增长都可能是新的外国资金流入的迹象，当然新的外国资金的流入也可能并不会引发银行余额的增长，因为可能由于一些同时代的其他因素，增长受到冲销，甚至会出现下降的表征。

若德国政府想将资金从英国转移出去，那么这是德国政府一定会采取的首要和最直接的办法；如果德国政府愿意，它可能具有摧毁英格兰银行的力量。德国政府选择在英格兰银行存放和提取资金，这是非常容易理解的。但是同时德国政府也具备了一个更加深远的巨大影响力，这是德国政府获得权力的第二种方式，从某种意义上说，这种权力是更加复杂的类型。它是那些许许多多英国债务的所有者中的一个。法国以汇票的形式向德国支付大量的“战争赔偿”，中间桥梁就是英格兰银行。当这些票据到期时，德国政府就获得了对市场空前的控制权。由于每张票据都到期了，德国政府可以选择将这些收益汇往国外，并且是以金银的形式，因为德国政府需要这些金银铸造铸币。这个过程首先将自然引起银行资金余额的减少，至少会存在这种趋势。假设德国政府持有票据 A，且是优质票据，那么不论到期的优质票据 A 的来源对象是谁，银行都不得不对其进行兑付。这种做法就会减少银行的资金余额，由于这笔支付金额会流入德国，因此这笔资金不会变成英国任何其他银行的信用：银行资金余额累积会因此减少。但是这种减少不是一成不变的。一个需要支付 100 000 英镑的银行将承受不起自己在英格兰银行的余额减少 100 000 英镑；假设银行的负债是 2 000 000 英镑，作为行规，它必须在英格兰银行维持余额数额为这些负债即 2 000 000 英镑的 1/10，进行一笔 100 000 英镑的支付会将使其储备减少至 1 000 000 英镑；但是银行的负债额度仍然是 1 900 000 英镑，因此为维持 1/10 的储备，它需要拥有 190 000 英镑。它需要拥有该数额储备的原因如下：如果说，银行需要从票据经纪商那里进行贷款，同时没有同等金额的余钱对票据经纪商进行支付（一大笔外国资金的召回几乎不可能），那么银行必须减少业务量和贴现量。上述过程产生的影响是给英格兰银行带了额外的业务。它握有该国的最终储备，即使没人愿意进行贴现，它仍旧必须进行贴现活动：如果它拒绝贴现，会导致恐慌和崩盘。因此，只要德国召回资金导致银行余额减少，那么英格兰银行需要有新的贴现需求来补充这些余额。这种流出对英格兰银行有两方面影响：首先，银行储备由于德国资金的赎回而减少，降低了英格兰银行的储备水平；其次，这些减少的资金意味着英格兰银行不得不进行更大规模的贷款活动。

下面的解释更容易得到同样的结论。假设任何外国政府或者个人拥有任何种类的可抵押证券，并通过运作可以将其演变为某个银行的信用，并使这种证券或者证券的持有者能够从英格兰银行的银行储备或银行余额中提取资金；这会不可避免地对银行余额产生替代作用，使其减少至最低，而英格兰银行必须进行该借贷活动。每个意外性需求对国家来说，会导致同等程度的特殊影响。这也是我认为英格兰银行应该以最谨慎和敏锐的态度对待其银行存款的原因。这些都是模糊负债的标志：通过它们，正如我们所见，一笔巨额资金由于其数额的巨大而不可能实现对该笔资金的提取限制，而这笔钱很可能就需要从英格兰银行提取出来。因为英格兰银行通过借贷资金来维持其他银行余额的正常水平，基于这种正常水平，不论外国人可以从英国获得多少额度的信用，英国都不可能对其需求设置上限，这些需求恰恰源自英格兰银行给银行设置的余额水平。

这个结果离不开一个简单的问题：经过长期发展，英格兰银行持有整个国家的最终现金储备，不论英国政府从英格兰银行储备中提取多少现金，英格兰银行都不得不进行这笔支付。正是由于英格兰银行成了银行的银行，所以英格兰银行需要履行该支付行为，也正因为英格兰银行确实履行了该职能，英格兰银行才成了最终现金储备的持有者。

有些人对上述考量印象非常深刻，他们主张英格兰银行绝不应该出借一丁点“银行余额”，他们认为英格兰银行应该原封不动地保留这些余额，如同从不动用的存款。我不敢肯定这种极端思想是否曾经公之于众过，但是我经常在伦巴第街的某些具有非常影响力和异常禀赋的人嘴里听到这样的判断，甚至在出版物中，我见过非常贴近的言论。但是我始终坚信放弃这种“严格、硬性”的规定是非常危险的，当然对于一些至关重要和变化异常的业务来说，死守规定也是危险的。在恐慌中，如前所述，银行存款余额会大幅增加。事实上，英格兰银行不得不将这笔新增的资金借贷出去。首先，银行从票据经纪商处召回资金，停止了该经纪商的再贴现和证券买卖；接着，银行的这一行为引起了新的资金需求，在这样的时期，也只有英格兰银行可以满足该新增资金需求，每个人都成了资金的需求者。但是没人研究过在恐慌时期，资金增加的初始原因，结果银行存款的数额增长极其迅速；在这种时期英格兰银行内常常会涌入大量的未利用资金。没什么比英格兰银行禁止借贷资金的行为更能恶化恐慌了。就在资金最紧缺的时候，你恰好拥有一笔非正常的大量特殊种类资金，那么你应该尽己所能地在这种时刻出借资金，因为这种迅速的借贷会遏制恐慌，而完全不借贷和少量借贷都会进一步加剧恐慌。

在其他时期，尤其按季度支付利息的时候，订立的绝对规则——银行存款余额不予借贷——将产生极大的不便利。那时一大笔资金会从政府余额转移支付给银行余额，如果允许英格兰银行进行这笔资金的借贷，那么这笔资金最终可能还在政府手中，但若禁止进行该资金的借贷行为，这笔钱就会流入银行手中，接下来货币价值在很大程度上将走高，因为大部分资金被闲置，导致市场资金极度匮乏。

但是关于银行余额从不应该出借的想法只是事实的一种自然

进化，即这些余额应该被用于预防；因为它们承担的负债极其巨大并且难以预测，因此该银行余额不应该被当作普通存款来使用。

它遵循之前提到的规律，即英格兰银行常常可能面临异常繁重的资金需求，而银行业务部门并不能够反映出该需求：可能当账户反映出负债状况是最少的时候，恰恰是需求最多的时候，也许当这些负债处于最高水平时，恰恰是需求处于最低水平的时候。例如，如果德国政府为市场提供票据或者其他优质证券，并从市场获取资金，同时资金转移方式是以黄金的形式，如果德国政府愿意完全通过英格兰银行来完成资金的提取。如果德国政府的需求是紧急的，如果那批“进港”黄金——从采矿国家运至英国伦敦的黄金——到岸，但是数量少，那么这批黄金可能经由英格兰银行而被带走，因为英国也没有其他的大型库存。德国政府仅是在该市场体现外国力量的一个显著例子，尤其最近德国政府对一批优质证券持有不寻常的控制权，并极其渴望将这批证券持续投入英国市场。从此以后，任何有现金需求的外国政府都会来英国寻找；只要法兰西银行继续停止铸币支付[①]，那么有铸币需求的外国政府就会来伦敦寻找铸币。同时在英格兰银行的账簿上，也很难发现有关该需求喜好的蛛丝马迹。

在英格兰银行实施的政策中，有些几乎可以称为革命性政策：

① 法兰西银行于 1878 年 1 月 1 日终止了铸币支付。

目前，没有明文规定英格兰银行应维持的特定或者固定银行储备相对负债的比例。不论是古老的 1/3 约定还是其他类似约定，都应该被抛弃。对于该行的可能需求，没有简单的计算方式能够成为该行可能需求的一个充分意义上的指导依据，主要原因是其数量规模变化太大，而账户数据所暴露的信息又相当有限。依据负债限定的比例对于储备数量来说可能有时过多，有时过少。不利条件是如此复杂多变，那我们的应对之策就不应该一成不变。

我承认，这种结论会造成非常大的不便。在过去的时间里，通过对英格兰银行账户进行为数不多的调查就能对英格兰银行和公众都起到很大的帮助作用。通过这种方式，英格兰银行很容易知道应该做些什么，公众也很容易预期将会发生什么。但是，不幸的是，最简单的规则常常不是最应该依仗的规则。生活实践的复杂性通常不能通过过于简单的规则来解决；金融风险是复杂的且种类繁多，对付这些困难的规则不可能单一，也不可能是采用那些过于简单的方法。就好像采用一种方法治疗多种疾病，结果很可能会要了病人的命。

另外一个常常应用于英格兰银行管理方面的简单规则，在现在也应该弃之不用了。该规则是，英格兰银行应该留意市场利率，并制定自己的利率以适应市场利率。这项规则其实常常会犯错。英格兰银行的第一职责是保护国家的最终现金，主要手段是提高利率。但是若将这项规则应用于现代社会，就会产生最大的错误，因为依赖于银行储备的突发需求的规模从未如现在这般巨大。伦巴第街的市场利率从来不受这些需求的影响。伦巴第街对利率产生决定作用的因素来自以下几个方面：第一，票据经纪商和银行手中的存款数量；第二，当时优质票据的数量；第三，可接受证券数量。从英格兰银行流出的黄金数量对该利率根本没有影响，或者只产生很小影响，如果开放的市场不相信英格兰银行利率会随着这种流出而改变，那么市场利率不会升高。如果英格兰银行选择忽视这笔黄金的流出，并被市场发现它做出了这样的选择，那么伦巴第街上的货币价值就会保持不变。对英格兰银行黄金的需求越多，其量级变化越丰富，英格兰银行贴现利率与市场利率保持一致的风险就越高。在之前的安宁时期，该规则的影响力或者部分影响力就常导致重大灾难。而在最近的困难时期，对该规则的坚持一定会导致相当的恐慌。

在我们固定英格兰银行应该维持的储备数量以前，就应该出现有关抽象原理方面的富有建设性的观察。为什么银行需要维持某种数额的储备呢？因为银行有可能在某时刻突然需要立即支付某种特定的负债。为什么每家银行需要公开账目呢？主要为了安抚民众情绪，公开账目可证明其拥有足够的现金或者可售证券以保证债务可顺利偿还。公布英格兰银行有关银行业务部门的账目的目标是使国家能够知晓国家的现金储备是如何保存的，并使公众确信存在充足的甚至更多的储备不仅可以满足所有可能的资金需求，同时也可以满足全部的合理恐慌时的突发需求。毫无疑问，英格兰银行账目的公布为金融市场提供了更多的稳定保障，其保障程度超过了任何类型的预警措施。确实，有些人担心会产生相反的结果，他们担心由于银行储备发生着持续不断的变化，对该账目的公布会使公众感到困扰和恐惧。一位资深银行家曾经跟我说："我在决定公开英格兰银行账目的奥尔索普勋爵委员会上投了反对票，我认为这会吓到民众。但是我一定要承认委员会是正确的，而我是错误的，账目的公开给金融市场提供了更强的安全保障，它超过了我所在的这个时代中其他任何的安全保障措施。"而在伦巴第街和世界广泛建立起来的信用，就是公开英格兰银行账目和银行储备的最好结果。

但是当公布的储备数量不足以稳定民众情绪时，银行将不能达到上述目标。如果因不明原因导致了银行储备水平变得极其低，恐慌一定会出现。在各个时刻，都存在一定的最低值，我将其称为"引致恐慌的最低储备量"，在该数值以下，储备的进一步降低必然导致极大的恐慌扩散的风险。这种状态并不是指绝对恐慌，仅是一种迅速蔓延的非理性恐慌，如魔力般，散布至公众头脑中。若处于这样的恐慌初期，那是极其危险的，因为它们随时将招致令人恐惧的灾难。在敏感时期最值得恐惧的其实是信用的破坏，如果此刻碰巧发生某些重大的失败或者不良事件，公众就会对此产生无限的破坏性想象力，继而出现普遍的资金逃逸现象，信用也将毁灭。所以，英格兰银行的储备水平绝不应该减少至这种"恐慌极点"。可以这样说，它永远都不应该离恐慌极点太近，不然某场意外就可以很轻易地将其拉低至该点，最终引发一场惊心动魄的市场恐慌。

对于预防银行储备的这种"恐慌极点"不存在什么"捷径"：

没有任何抽象的论点和精确的数学计算能够告诉我们如何预防。我们不能抱有这种奢望。信用是一种产生于环境并随着环境的变化而变化的东西。在任何特殊时期，信用的状态都是个实际问题，而这个问题仅能通过其他实际问题才能确定，如实验和调查。同样地，只有经验可以告诉我们多少数额的银行“储备”可以树立公众普遍的信心。在这个问题上，只有持续观察公众的反应，并理解在每个时刻它是怎样受影响的，才能得出合理的结论。

当然，通过对这类问题的分析，发现的一个主要规则是宁多毋少。过量的储备仅意味着一小部分的利润损失，但是过少的储备则意味着“毁灭”。因为信用可能立即被动摇，如果随后再发生某种令人恐慌的事件，那么银行业务部门将承受过多资金逃逸带来的压力，就像 1857 年和 1866 年一样。

遵守“宁多毋少”这一储备箴言显然十分有必要，因为“恐慌极点”并不总是一样的。相反，当公众发现英格兰银行最近暴露在异常的需求中时，就会产生还有类似需求的预期。可以这样说，近期持续发生的事情使其接受教训：当近期有大笔资金被频繁需求的时候，还会产生大量的资金需求预期，即使少量的资金需求亦然。因此一家类似英格兰银行的银行必须要常常留意恐慌极点的上涨。提供充足的资金不仅是为了缓解今日的忧虑，也是为了缓解明天更大的忧虑。那么，实现这个目标的唯一实践模式就是维持总是高于最低恐慌储备值的实际储备量。

这就会涉及更多问题。既然实际储备绝对应该，并在可能的情况下长期高于合理的“最低值”储备数额，当英格兰银行处于平稳期并没有采取预防措施时，它一定会大大超过该最低值。英格兰银行采取的所有预防措施都需要一定的时间，而主要的预防措施就是提高贴现利率，最终它会以超出预期的速度快速吸引欧洲及世界各地的资金。但它不是突如其来的，即使是合适的利率，是最终吸引资金的合理利率水平，也存在一段从采取措施开始到最终实现资金到位的空档期。同时这种合适的利率在某段时间并不容易确定，它需要一些“调整”，正如该词描述的那样，在调整至真正有效的利率之前，英格兰银行要多次提高贴现利率，与此同时黄金在外流，银行“储备”在减少。因此，只有在英格兰银行没有采取预防措施的时间里，保证实际储备超过“恐惧最低值”的数额至少等于在不可避免的空档时间将被提取的资金数额，那么在可利用的预防措施开始发挥效力之前，该规则才不会遭到破坏，实际储备才不会低于“恐慌最低值”。在采取预防措施的时间里，可能会吸收更多的黄金并将储备水平提高至需要水平，但是在过渡时期，不良事件的发生可能恰好与规则设计相反，扩散的恐慌将不断增长，那时任何不幸事件都可能导致灾难。

可能有人会问我：“这些推理应用于实践中是什么结果？在目前，你认为英格兰银行应该维持多少储备？如果你希望你的观点能引起重视，那么请把你的建议解释得更清楚些（我知道会遇到这些问题）。”那么我将很直接地回答这些问题，虽然这样做存在巨大风险，即在我将其应用于实践中且犯错的时候，那些我支持的原理在某种程度上将受到损害。

应该说在目前，如果英格兰银行的银行业务部门储备低于10 000 000英镑，金融界就会显得焦躁不安并产生恐慌。按照旧的观念进行估计，即使是10年前，这笔金额听起来都相当大。其实我对更小数据的分析更适应、习惯一些，因为在我们接受教育的时候，既不存在大量的银行储备需求，也不存在公众有这种要求。上述观察结果的判断是对人们近期思想状态的分析，结果是，不论是否言之有理，当英格兰银行的储备低于10 000 000英镑时，公众中最重要和聪明的那部分人就会焦虑和不满。因此我将这笔数额定义为现阶段的“恐慌极点”。随着环境的变化，恐慌极点也将随之增加或减少，但是，根据我做出的最谨慎的估算，这个数额就是目前的“恐慌极点”①。

可能有人会认为这样的估算是武断的，同时数据也仅基于猜测。我说过，我提供的这些数据正确与否，会交予他人判断。但是最关键的问题是：公众会在我设置的恐慌极点上开始感到焦虑和胆怯吗？对该情况具有最终判定权的必须是那些熟悉事实并密切观察事实的人。

也许类似英格兰银行董事会这样的机构不能够通过这样的估计

① “恐慌极点”现在置于一个更高的数额。英格兰银行自身负债已经增长，同时对其资金需求也变得更多。在最近几年，该储备从未低于20 000 000英镑，并很少有这么低。因此，可以这样说，在储备接近20 000 000英镑之前，英格兰银行就会采取预防措施。

采取措施：这类机构需要有清晰的规则并严格遵守。我的观点是，如果这类估计建立的框架是正确的，并且是实现更好指导英格兰银行的必要条件，那么我们一定要建立一个可以通过正确框架进行这类估计的管理机构。我们不能忍受危险的政策，因为我们已经继承了一个并不完美的管理模式。我之前已经给过解释，英格兰银行的管理行为应该按何种方式来加以强化，相信经过如此强化后的管理行为完全能够执行那些明智的政策。

那么，结合之前我们推断的数据，即英格兰银行的银行储备数额绝不应该少于 1 100 万英镑或者 1 150 万英镑，经验显示，我们可能随时会提取数额为 100 万英镑或者 150 万英镑的资金。我认为，根据粗略计算，应该将其视为英格兰银行储备的最低值。为了使银行储备最低值不低于 1 150 万英镑，英格兰银行必须在储备即将低于 1 400 万英镑或 1 500 万英镑左右时，就开始采取预防措施：据经验显示，在寻找到吸引国外资金的正确的利率水平之前，在该利率能够真正吸引来资金之前的空档期间，银行储备维持在 200 万英镑与 300 万英镑之间，可能已经足够应付从英格兰银行提取资金的情况。当储备水平处于 1 400 万英镑与 1 500 万英镑之间时，若储备水平由于外国需求而减少，我认为，英格兰银行应该开始采取行动提高利率。

第十三章 结论

我知道本书会被认为是深刻地指出了金融市场弊病，但是我的主要目的是提供一些简单的补救措施。本书不断坚持的观点是自然的银行系统应该是多家银行自己维持现金储备，如果银行忽视储备问题，将会面临失败的惩罚。同时本书展示了英国的储备系统是由单一银行维持整个储备，并处于无效的失败惩处之下。然而我仍建议保留该系统，并试图修复该系统，以期达到使其好转的目的。

我建议保留这个系统的原因是，根本没有可行的方法来改变这个系统。信用系统经年累月缓慢成长，并适应了银行业务发展过程，也让信用成为人们的习惯，这种状态同时被理论家们和书籍支持着。或许有人提出质疑，既然英国的政体都可以发生改变，比如从君主制变换为共和制，那么在英格兰银行基础上建立的英国金融市场的现存体制也应该能够被以每家银行维持自身储备为基础的自然系统所替代。然而，现在找不到一种市场力量能够胜任这种规模的重建，也找不到一种市场力量能够胜任这种规模的破坏，因此这种质疑也就没有意义了。

整个英国对英格兰银行的依赖程度如此之深，以至于若不对此问题经过长时间思考，那么你也将根本无从理解英国的银行系统。因此在本书中，作者提供了大量的事例分析。作者假设大部分人认为英国的银行系统是稳健的、良性的。当听到对该系统的各种反对声音的时候，几乎所有人都会感到惊讶。然而，读者最终将发现这意味着什么。根据最新的统计，存储性银行（算上一些老的银行和邮政银行）拥有 60 000 000 英镑的存款，同时持有最优质的有价证券。但是存储性银行不持有任何现金类资产①。当然它们拥有一定的小额备用金以应付日常工作的各种需求。但是存款性银行以最终储备形式留存的现金数额可能都不到 6 便士，我们已经知道这部分现金储备的主要作用是应对恐慌。这些银行主要依赖证券度过恐慌时期。然而经验一再表明，当出现恐慌时，这类证券只能通过英格兰银行的帮助才能发挥作用，即只有拥有最终现金储备的英格兰银行在恐慌时刻才拥有新资金、拥有借贷能力并且采取切实行动。在一

① 存款性银行存款额（邮政银行和信托公司）大概是 240 000 000 英镑，却没有现金储备。

场普遍的恐慌中，存款性银行将出现资金逃逸现象，这些银行如果没有英格兰银行的帮助，将不可能卖掉100 000英镑的统一公债；在恐慌时期，由于存款性银行自身并不持有任何的现金储备，那么它们将完全依赖于持有银行储备的英格兰银行。

在已经给出的不计其数的例子中，上述例子仅是沧海一粟，该例子表明对于英国银行系统方面的思考方式，已经在我们的头脑中深深地固化。政府将穷人的资金都放在那里，而整个国家完全赞成，根本听不到反对的声音。并且每位实践者——每一位知道行动的人，都同意英国以英格兰银行为轴心的单一银行储备的银行系统不能更改，一个由众多银行构成且每家银行维持自身储备的银行系统不能够替代现有系统。除了变革没什么能够影响它，而目前也没有什么变革的动因。

这个存在缺陷的单一银行储备系统就是这样存在着，既然对它无计可施，就只能最大限度地有效利用该系统，并在能力范围内以最佳的方式使其运营良好。我们只能使用权宜之计，而恐慌极点就是我们能够使用的最佳手段。

同时本书也对法国体制不适合英国社会的议题进行了探讨。政府当局直接任命英格兰银行行长及副行长的方式，并不能减少我们的错误或者帮我们渡过难关。上述做法甚至会使本已令人担忧的后果进一步恶化。此外，美国系统或者一些修正方案也不适合英国。美国法律认为各国家性银行都应该拥有一个相对其负债的固定比例的现金储备（存在两类银行和两种不同比例，但是这不是我们目前讨论的目标），该比例通过调查而确定，这种调查的参考依据并非银行需要的现金数量，而是按照时间确定，即不同时期，上述比例应不同，采取的标准就不同。可能有人会问，这种类似的行为在英国就不能够实践吗？难道这种办法或者其他什么修正方法不能帮助我们走出困境吗？自从美国银行系统成为多银行储备体系，我已经就此进行过解释，英国社会采纳这种方式将是毫无用处的。在英国，单一银行储备系统已经固定下来，很难更改。唯一能够模仿的美国系统经验就是颁布法律要求英格兰银行的银行业务部门应保持固定比例的银行储备，比如按照负债额度的 1/3 留存现金储备。但是，正如之前所述，银行储备对负债额度的某种固定比例，可能是由董事们随意制定的，该比例并不是由法律规定的，也并不是一家银行的合理储备标准。由于负债期限既有即期也有远期，因此采取储备盯住负债的原则可能既会面临过量问题，又会出现不足的问题。比如，为应付日常风险准备了过量储备，那么会造成利润的损失，同时目前维持的储备数额并不总是能够对银行发挥救助作用；这样固定比例的银行储备在正常时期常常貌似充足，而一旦遭遇异常风险，则马上显得捉襟见肘。因此当随意制定银行储备相对负债比例的时候，这个系统可能很糟糕；当该比例规则由法律制定，甚至具有某种强制执行力的时候，该系统可能更加糟糕。英国金融市场一直处于敏感的状态中，当银行储备接近立法限制储备额时，无疑会进一步刺激恐慌；如果储备为负债的 1/3 是以法律的形式确定下来的，那么在银行储备接近 1/3 的时刻，警报会立即被拉响，接着就是不可思议的毁灭。当然，在该比例未被确定或者完全确定的时期，也会面临糟糕的恐慌。如果你认为英格兰银行应该总是持有接近负债的 1/3 作为其储备，那么你将发现，1/3 这个比例实际上毫无用处，因为超过该数额，英格兰银行将不能提供贷款，也不能提供更多帮助，它根本没有能力做那些英国需要储备最终持有者应该和必须做的事情。因此美国系统对英国没有帮助，其本质和原理都是错误的。

因此，英国只能利用一些不那么强硬的临时手段，在解决问题时，依据良好的感觉、良好的判断和良好的关注，其实就已经足够。同时我们也需要看到问题的微妙与复杂性，因为解决方案总是多变与复杂的，而其最终结果也是我们所有人难以估量的。

附录一

注释A

主流银行系统的负债及现金储备

下面是向公众公布的负债及现金储备对比数据，对象分别是英国、法国、德国和美国的银行系统。其中英国数据的缺陷最大，因为数据仅包含英格兰银行、伦敦股份制银行的存款和英格兰银行的银行储备。英格兰银行的银行储备是针对这些负债的唯一可得现金，也是针对伦敦私人银行、英国地方银行、苏格兰及爱尔兰银行同样负债的唯一现金储备。因此，在英国的例子中，用于比较方法展示的现金相对负债的比例大于真实情况。

（1）英国银行业

负债	
1872 年 12 月 31 日，英格兰银行的存款，低估的股份制银行余额	29 000 000 英镑
1872 年 12 月 31 日（参考《经济学人》，1873 年 2 月 8 日），伦敦股份制银行存款	91 000 000 英镑
负债总计	120 000 000 英镑

现金储备

英格兰银行银行业储备 13 500 000 英镑。公布的现金储备相对负债比例为 11.2%。

（2）法兰西银行（1873 年 2 月）

负债	
通货	110 000 000 英镑
存款	15 000 000 英镑
负债总计	125 000 000 英镑

现金储备

手中的铸币及黄金 32 000 000 英镑。公布的现金储备相对负债比例为 25%。

（3）德意志银行（1873 年 1 月）

负债	
通货	63 000 000 英镑
存款	8 000 000 英镑
承兑汇票及背书票据	17 000 000 英镑
负债总计	88 000 000 英镑

现金储备

手中现金 41 000 000 英镑。公布的现金储备相对负债比例为 47%。

（4）美国国家银行

负债	
通货	67 000 000 英镑
存款	145 000 000 英镑
负债总计	212 000 000 英镑

现金储备

手中的铸币及法定货币 26 000 000 英镑。公布的现金储备相对负债比例为 12.3%。

（5）总结

	对公众的负债（英镑）	持有的现金（英镑）	现金相对负债的百分比（%）
英格兰银行及伦敦股份制银行	120 000 000	13 500 000	11.2
法兰西银行	125 000 000	32 000 000	25
德意志银行	88 000 000	41 000 000	47
美国国家银行	212 000 000	26 000 000	12.3

注释 B
奥尔德曼·所罗门先生在 1858 年英国下议院选举委员会前提供的例证摘录

1146. 主席：11 月份的压力对您的影响，我猜导致您增加了自己手中的储备，同时也增加了您在英格兰银行的存款，是吗？——是的，完全正确。但是我希望告诉委员会，这个过程几乎完全是通过我们持有的到期票据交易完成的，并不是通过筹集资金，或者减少对客户的贷款。也许委员会对 11 月 11 日我们为经纪人持有的贴现票据达到 5 623 000 英镑的事情很感兴趣。在这些票据之外，在 11 月 11 日到 12 月 4 日期间，还有 2 800 000 英镑的到期票据，同时在 12 月 4 日到 12 月 31 日之间，有超过 2 000 000 英镑的到期票据。因此，在 11 月 11 日到 12 月 31 日之间，到期票据大概有 5 000 000 英镑；接下来，我们为任何可能面临的需求都进行了准备，而不仅是为那些我们需要交易的到期票据。

1147. 我理解你所说的，你没有从自己的客户那里撤销正常贷款，但是你停止了对票据经纪商的大规模存款，这是你一贯的做法吗？——确切地说并没有。那些我们已经贴现的票据是允许到期的，同时我们减少贴现，并维持了大量的现金储备。

1148. 那也就是说，你从商界中撤销了之前提供的大量贷款，并在同一时间段增加了在英格兰银行的存款？——我们在英格兰银行的存款增加了，但是我们没有撤销贷款。

1149. 魏格林先生：你在票据经纪商处有短期贷款吗？——数额很少，可能只有 500 000 英镑，甚至更少，并不是我们召回的。

1150. 主席：对于您的言论，我的理解是，由于您所承受的商业压力，导致的结果是您撤销全部在其他时间应给商业提供的贷款，同时增加了在英格兰银行的存款？——迄今为止，只停止了对陌生人的贴现，采取该措施的对象是那些跟我们没有往来账户的人。

1151. 或者将同样的金额提供给票据经纪商？——暂时，我们不会贴现给经纪人或者陌生人，我们让自己手中持有的票据到期，以保证我们可以满足对英格兰银行的任何需求。

1152. 除了一些你认为有责任继续提供给自己客户的，你是否停止了贷款？——的确如此。可能我会说我们会同时做两件事，除了我们在英格兰银行维持大量储备，这样做的目的是保证我们自己的备用金是可利用的；同时我们也会在总部及各分支机构增加票据。

1153. 我假设在那个时间，伦敦股份制银行会出售大量的公共证券，公众会购买这些证券吗？——一些股份制和其他类型的银行出售证券的行为可以理解，但是我相信，公众一定会出现大量的购买行为，因为他们经常在资金下跌的时候购买证券。

1154. 你是否准备就去年秋季股份制银行系统加剧或减少商业压力方面的效果，向委员会提交自己的意见？——我应该承认，一般来说，股份制银行和伦敦的其他类型银行，主要通过从那些拥有闲置资金的人手中筹集资金，这些机构必须得到帮助，只不过不论在何时，对股份制银行的救助方法不同于普通商业救助。

1155. 你说过不论从自己客户还是从票据经纪商方面来看，你们进行贴现的规模通常很大，但是当面临最严峻压力的时刻，你会考虑将业务收缩，并仅与自己的直接客户进行交易，是吗？——是的。但是在那里仍旧保有资本，资本仍旧属于英格兰银行，并且这些资本在短期内仍旧可以使用；如果我们不利用这些资本，其他人就会利用它。

1156. 魏格林先生：结果是，英格兰银行使用了这些资本？——毫无疑问，我应该这样假设，对此不存在问题。

1157. 那么，你认为英格兰银行的存款状况会因资金需求而变差？——对此我们从不怀疑。

1158. 你从来不考虑 1844 年法案的影响，该法案是否可能将英格兰银行的银行业务置于不能有效满足自身存款者需求的位置？——我必须承认这是我们非常关注的问题。

1159. 因此，你认为，如果恐慌时刻来临，政府会采取干预措施，就像之前做的那样，来帮助英格兰银行满足需求吗？——我们应该常常这样思考，如果英格兰银行停止了支付，政府所有的机构都会随之一同停止，如果政府可以阻止灾难，那么就不必担心会发生可怕的灾难。

1160. 主席：你从未考虑过票据的自由兑换性受到威胁吗？——一刻都未考虑过，不存在这类问题。

1161. 魏格林：我不是指票据的自由兑换问题，而是英格兰银行的银行业务部门是否处于危险状态？——如果我们认识到任何可能的对英格兰银行的质疑，我们应该持有这些银行票据并依靠英格兰银行自身的强大力量来消化。我们从未认为会发生这样的事情。

1162. 因此，你认为政府采取的为英格兰银行发行授权牌照的行为，将提高英格兰银行基于证券基础上的票据发行量，同时政府采取的上述行为将成为商界的普遍预期，并且在将来的类似节点，商界仍旧会产生类似预期？——我们在为这个属性寻找措施。毫无疑问，上述措施是最显著的一个。当其实施的时候，我们存在很大疑问，它是否应该介入直到最后一刻。

1163. 你是否曾经做过这种计划，当英格兰银行处于类似 1857 年 11 月的环境中时，拒绝对优质银行证券提供贷款？——当然，我做过这样的计划，然而对该行为产生的结果进行预测，是一个很难回答的问题。但是，这个概念对我来说是基于商业经验的，不论何时你拥有优质证券，它都应该以某种模式或方式保证在英格兰银行的可兑换性，对于英格兰银行是否该有立场来拒绝帮助可以提供优质商业票据的人们，对此我表示怀疑。

1164. 凯利先生：你提到在考虑存款利息收益方面有些新想法，你是仅考虑伦敦威斯敏斯特银行，还是将其他类型的银行与自己的银行结合起来考虑此事？——我认为所有银行都有这种共识，不论对其所有者还是公众，在任何时间完全跟随英格兰银行来进行调整，结果并不令人满意。我认为这些银行达成的共识是，在将来它们并不打算继续这样做了。

1165. 这种想法是来自认为银行在特殊情况下更加危险吗？——我不想承认它变得更加危险，但是毫无疑问确实是这样的，在公众头脑中的这个概念是我们不应该争论的，即银行何时会给资金制定较高的利率，银行最好这样做，因为银行需要维持资金来源，银行需要得到公众的资金，而不是去遵守市场利率；我认为这是必要的，我们应该知道如果人们希望能够利用他们的资金，并期望资金能够获得一个较高的利率收益，那么他们就会取走资金，用资金进行投资。

1166. 你认为在银行中存在普遍的共识，如你之前提到的，分别在 10 月份和 11 月份采取不同的措施？——我想我知道会是这样的。

1167. 事实上，为满足召回资金需求而提供高利率的系统不是已经持续了有一两年时间了吗？那时建立的一些新银行就已经开始采取这样的措施了。同时允许 3 天期的通知存款，取代了之前 10 天期或者 30 天期的通知存款；上述行为，难道不是在两年前就开始了吗？——我不认为这种行为始于新建银行，我认为其始于一家老牌银行：我知道，考虑到我自己的银行，我们都被卷入了这种行为；我忘记提这点了，考虑到我们吸收存款的行为，存款者必须将资金存在我们这里至少一个月，否则他们将不会获得利息。除非存款人与银行达成共识，即其资金将被银行持有一个月，否则银行不会为该资金支付任何利息；也许出于某种目的，存款者可能在一个月内取回资金，那么他将不能获取利息；因此，资金能够得到利息，存款者能够按需取回通知存款的前提条件是保持资金在银行的存储时间超过一个月。

1168. 有些银行将为其经常账户支付利息，难道不是事实吗？——是的。我想大多数的新兴银行是这样做的，伦敦股份制银行也是这样做的。

1169. 我猜，经常账户的利率低于存款利率？——我想利率水平很低，但是我相信这是基于期间的最低余额固定利率，这个期间也许是六个月，也许是一个月。我想我应该加上（我相信这也是所有银行的状况）伦敦威斯敏斯特银行，从其最初建立制度的当天到现在，从未再贴现一张票据。除非存在支付需求，否则没有一张票据从我们银行离开。

1170. 对于伦敦股份制银行，这种情况就不那么普遍了吧？——我相信仍旧是这样。

1171. 魏格林先生：但是您有时通过票据经纪商进行基于存储票据的借贷？——是的。

1172. 您有时会召回这笔资金再交付这些证券？——是的，但是我们以最低限度做这种事。

1173. 这不等价于票据再贴现，对吗？——对，票据贴现与利用这些票据贷出资金完全是两码事。当我们进行票据贴现时，我们持有票据并锁定该票据直至票据到期，但是当经纪人来找我们借贷资金的时候，比如在银行存储 50 000 英镑的票据，之后我们为其提供贷款，最后我们将票据归还给票据经纪商并收回银行资金，可以肯定，这个过程并不是再贴现。

1174. 当你需要在短期内利用自己的资金时，你不会频繁地接受长期票据，并依据它们发放贷款，对吗？——但是对于我们这部分工作，它仍然不是再贴现。在市场上比较常见的现象是那些借入资金的经纪人提供长期票据，之后我们收回贷款；但是这不再是再贴现而是依据统一公债进行贷款并回收资金。这并不是对我们自己的贷款；我们并没有主动发起这样的行为；票据经纪商找到我们并借走资金，给我们提供一个担保；当我们需要自己的资金时，我们召回那笔钱，并归还他们的担保品。这个过程当然不是再贴现。

1175. 汉基先生：归还提供贷款的票据和贴现票据之间没有明确的界限吗？如果你已经贴现了一张票据，同时你的负债仍然在该票据上直到该票据到期，是吗？——是的。

1176. 在其他情况下，你不再有什么进一步的负债吗？——完全正确。

1177. 你不应该认为这是一种非常重要的区别吗？——我认为这是一个重要的区别。以此为例，假设一拨人来到我们面前并借贷50 000 英镑，我们也将钱借给他了，当贷款到期时，我们又收回了我们的资金。这肯定不是我们贴现业务部分。

1178. 有没有这以外的区别？如果你进行再贴现，你可能着手抵押你银行的负债，达到一个几乎没有限制的数量，然而在其他情况下，你只能收回你出借的资金？——毫无疑问。

1179. 凯利先生：在休会之前，前财政大臣在下议院的演讲中声称，在周一、周二、周三和周四的恐慌时期，英格兰银行几乎是唯一进行商业票据贴现的机构，那么你怎样能保证言行一致，即你与平常对客户提供的贷款一样多？——我不为财政大臣的言论负责；我为英格兰银行的流程负责，也就是我们为客户提供的贷款在12月31日比10月31日多出了5 000 000英镑。考虑到我们不为其他当事人提供贴现，主要是无信用盛行的结果，因此我们必须持有一部分存款以应对他们召回资金的需求；很多人都会这样做；在11月，我们存款减少，如果我们继续为经纪人提供贴现，我们将不得不自己进入市场为我们政府的证券筹资，但是我们尽量避免发生不能贴现的情况，并把自己的资金留在英格兰银行。

1180. 那么在特殊时期，你不会像平常一样给客户提供同等规模的贴现？——不是，我们像平常一样，甚至提供更多贴现。

1181. 但不对陌生人提供贴现？——不对陌生人；我对我们的客户做了一个区分，客户当然都希望我们提供贷款，并给经纪人提供贴现，上述过程是完全自愿的，依赖于我们拥有可使用资金的情况。

1182. 如果牌照在最后一刻没有发放，会如何？——这是个很难回答的问题。

1183. 您想表达的主要意思是什么？——在恐慌和预警时期，很难预测将会发生什么。一场在商界波及面甚广的预警，其本身绝不会自我减弱，除非有一些缓解的特殊手段。我们可能已经进入了汉堡城市的类似状态中，在流通中不存在银行票据。

1184. 斯普纳先生：您提到的“最后时刻”是什么意思？您说牌照在最后的时刻出现了，最后时刻是指什么？——一天中的晚些时候，这是充满危难的一天。在两天内，已经积累了极大焦虑，每个人都希望有某种程度的缓解；我想，正是在期望最迫切的时候，牌照来了，它缓解了人们的焦虑。

1185. 如果最后的时刻遭遇滑铁卢，牌照也没来，可以告诉我们你的想法吗？——这很难讲，也不能说它就不能够恢复。毫无疑问的是，困境由伦敦之外的某些事物创造，而不是产生于伦敦内部。因此，对于我来说，给个意见比较困难。我相信，银行利率，不论是私人银行还是股份制银行，都处于非常平稳的状态，也能够承受任何来自伦敦之外的压力。

1186. 汉基先生：您可以就一般可以作为储备数量的存款比例问题，给委员会提供一些建议吗？——你一定深受环境影响。在恐慌时期，当存在破产时，当然所有银行都会加强自身的储备；那时我们的储备更多了。在平常时期，考虑我们有息与无息存款始终在流通，那么我们所拥有的资金几乎可以满足支出。

1187. 您常常在所有的时间都会维持某种特定的存款数额作为银行储备？——是的。

1188. 在商业处于正常状态下，是否存在固定比例，您能够跟委员会提供上述未被利用资金的合理、必要比例吗？——我认为我能够在这个问题上给出的最好建议的时间是在 12 月 31 日，我们出了年报或者资产负债表之后。

1189. 在当天，报告或报表会显示出您拥有的未利用资金的数量吗？——是的。我会提供声明，解释什么将可能是满足这个问题的最佳手段，并在每年的6月30日和12月31日进行公布，包含手中持有的现金量等，这些都会在我们公告账目中体现，同时也会发表召回资金和政府证券的相关信息；这可能是获取你需要信息的最佳和最便利的手段。（参考下表。）

伦敦威斯敏斯特银行的总储备、持有现金数量、对票据经纪商的短期放款，及银行持有的政府债券

日期	存款（英镑）	持有现金（英镑）	短期放款（英镑）	政府债券（英镑）	总计（英镑）
1845年12月31日	3 590 014	563 072	628 500	1 039 745	2 231 317
1846年12月31日	3 280 864	634 575	423 060	938 717	1 996 352
1847年12月31日	2 733 753	721 325	350 108	791 899	1 863 332
1848年6月30日	3 170 118	588 871	159 724	1 295 047	2 043 642
1848年12月31日	3 089 659	645 468	176 824	1 189 213	2 011 505
1849年6月30日	3 392 857	552 642	246 494	964 800	1 763 936
1849年12月31日	3 680 623	686 761	263 577	973 691	1 924 029
1850年6月30日	3 821 022	654 649	258 177	973 691	1 884 881
1850年12月31日	3 969 648	566 039	334 982	1 089 794	1 990 815
1851年6月30日	4 414 179	691 719	424 195	1 054 018	2 169 932
1851年12月31日	4 677 298	653 946	378 337	1 054 018	2 080 301
1852年6月30日	5 245 135	861 778	206 687	1 054 018	2 122 483
1852年12月31日	5 581 706	855 057	397 087	1 119 477	2 371 621

（续表）

日期	存款（英镑）	持有现金（英镑）	短期放款（英镑）	政府债券（英镑）	总计（英镑）
1853 年 6 月 30 日	6 219 817	904 252	499 467	1 218 852	2 622 571
1853 年 12 月 31 日	6 259 540	791 699	677 392	1 468 902	2 937 993
1854 年 6 月 30 日	6 892 470	827 397	917 557	1 457 415	3 202 369
1854 年 12 月 31 日	7 177 244	694 309	486 400	1 451 074	2 631 783
1855 年 6 月 30 日	8 166 553	722 243	483 890	1 754 074	2 960 207
1855 年 12 月 31 日	8 744 095	847 856	451 575	1 949 074	3 248 505
1856 年 6 月 30 日	11 170 010	906 876	601 800	1 980 489	3 489 165
1856 年 12 月 31 日	11 438 461	1 119 591	432 000	2 922 625	4 474 216
1857 年 6 月 30 日	13 913 058	967 078	687 730	3 353 179	5 007 987
1857 年 12 月 31 日	13 889 021	2 226 441	1 115 883	3 582 797	6 925 121

1190. 你会考虑这个问题吗，当你存款增加时，是否较其他时期应该维持更大资金储备？——我可能会说，作为一个普遍规律，我们常常维持对存款某种比例的储备。

1191. 你会利用资金为其他人，而不是自己的客户进行票据贴现吗？——为票据经纪商提供贴现。

1192. 仅是贴现给票据经纪商吗？——是的。

1193. 不给那些习惯给你提供票据的陌生人贴现吗？商业机构呢？——应该说一般不会。我们有一到两家机构为那些与我们没有账户往来的银行提供贴现，但是一般来说，我们除了自己的客户和票据经纪商，不给其他人或机构提供贴现。

1194. 你考虑过有些好处可以让渡给公众，当公众能够为商界提供援助时，通过英格兰银行实现更大程度的贷款而不是严格遵循银行业务稳健原则的方式吗？——正如我之前所说的，只要有优质票据在流通，也就是说，那些票据到期实现兑付是毫无问题的，那么就应该存在某些手段可以实现这些票据的贴现。

1195. 你认为英格兰银行为每个人提供票据贴现服务是其运营的一部分吗，仅因为持有票据的那部分人希望能够将其转换为现金？——正如我之前所说的，英格兰银行去除公众头脑中这种恼人的想法将面临极大困难，英格兰银行是某种超越普通股份制银行的银行。我认为它一定是十分依赖于环境来决定是否拒绝给优质票据进行贴现。

注释 C

1764—1864 年，敦提银行流通票据和存款报表

年份	流通票据（英镑）	存款[①]（英镑）
1764	30 395	–
1774	27 670	–
1784	56 342	–
1794	50 254	48 809
1804	54 096	157 821

① 英格兰银行直到 1792 年才开始吸纳存款，当年存款累计数额达 35 944 英镑。

（续表）

年份	流通票据（英镑）	存款（英镑）
1814	46 627	445 066
1824	29 675	343 948
1834	26 467	563 202
1844	27 504	535 253
1854	40 774	705 222
1864	41 118	684 890

注释 D
1866 年 9 月 13 日英格兰银行股东大会

（摘自《经济学人》，1866 年 9 月 22 日）

英格兰银行常务会议在 13 日 12 点紧急举行，会议目的是为过去的半年公告分红。

朗斯洛特·霍兰德先生，当时的英格兰银行行长主持了会议，向股东发表的演讲如下：

> 本次会议为英格兰银行章程约定的季度常务会议，也是章程规定的半年度股东大会之一，本次会议目的是公告分红情况。从我手中持有的报表来看，截至 8 月 31 日，英格兰银行半年的净利润为 970 014 英镑 17 先令 10 便士，当日剩余资金数量为 3 981 783 英镑 18 先令 11 便士；除去按每百股 6 英镑

10先令的比例分配股利外，余额为3 035 838英镑18先令11便士。因此，董事会提议半年利息和利润的分红为每百股6英镑10先令，其中并非扣除今年10月10日的收入所得税。上述是我向常务会议提交的提议；同时就英格兰银行先前遭遇的重要事件，应该借本次会议进行一下简短的讨论。在过去的几个月内，英格兰银行承受了巨大的压力，同时整个伦敦银行业态也承受了巨大压力。我认为我有权这样说，不管是本机构还是整个银行系统，在经历这个异常艰难时期的过程中，整个银行业都体现了该行业最大的体面和名誉。银行业务是一种非常特殊的商业，对信用的依赖程度相当高，哪怕最有限的质疑风潮都足以令信用荡然无存，同时，这一整年也是收获的一年。在过去的大半年时间里，伦敦银行普遍建立了满足需求的方式，展现了令人满意的结果，并证明银行业遵守的规则是正确的、稳健的。该机构努力使自己尽最大努力以应对危机，同时也相当成功地发挥着自己的作用。我们并不畏惧自己所处的地位给自己带来的风险。当风暴来临时，即我们得知奥弗伦公司倒闭的那个早上，我们仍旧处于任何银行业务机构应有的平稳、健康的状态；在当天及接下来的一周内，我们发放了数额巨大的贷款。即使在事先相当短的时期内，贷款的数额之大是任何人难以想象和预测的。这种状况很不正常，一般当事态处于这种情况时，公众头脑中应该存在一定程度的警惕意识——在那些需要从英格兰银行进行贷款的人应该去找财政大臣，并要求政府授权英格兰银行发行超过法定数量的票据，尤其当英格兰银行的从业人员认为这是必需手段的时候。然而英格兰银行需要在得到这种权力之前就采取行动，可能在财政大臣起床之前，英格兰银行已经将自身储备的一半都借贷出去了，英格兰银行的银行储备量肯定降低到了一个银行管理者不能坐视不管，并令人后悔的规模。然而英格兰银行没有逃避责任，并承担起了施加于其上的支持整个银行业的责任，我认为任何向该机构求助的合理请求都没有遭到拒绝。拥有充足保障的每个人都享受着公平的对待，同时那些资金供给并没有达到满足应有需求的充足程度，但能提供合适担保的人也都可以从英格兰银行获得救助。在细节方面，我们的探究较普通时期更加深入，因为这些异常时期格外有趣，我认为有必要强调的是，正因为英格兰银行采取了最大努力，对需要救援的机构一视同仁，以至于我们的储备余额耗损严重，降低至人们认为的危险临界值。让我们回顾一些近期事件，虽然我们在5月11日被一场大风暴席卷，同时并没有为这种大风暴做任何准备，然而我不准备向委员会发表任何责备的言论；我希望股东大会能够有个认识，即他们的董事在事件中的表现是合理的，在遇到极端环境时，他们尽力做到最好。现在我宣布，在过去的半年里，分红的股利是每百股6英镑10先令。

海厄姆先生提到，在我们讨论这个问题前，他希望可以给大会提供一些观察资料。他相信，已提交给各位的账目报表的结果令人相当满意。他同时认为，董事们在最近的金融危机中，已经尽最大努力来帮助商界；但是他仍然认为，他们在同一时期进行的工作出现了失误，即没有更早一点跟财政大臣申请暂停《皮尔法案》。众所周知，在当天早些时候，对英格兰银行的贷款项需求大幅减少，随之而来是广泛散布的谣言，称英格兰银行已经获得超出法案限制许可方面的授权。然而，我们获得这种特权的时间是当天夜里最后一个小时，当时财政大臣才意识到事态已经发展到最紧急的状态。哪怕财政大臣稍有一丝犹豫，比如，他认为周六的事态将比周五已经发生的状态要糟糕得多，那么这项提议仍旧会遭到否决。事实上，《皮尔法案》完全不适用于国家当前的需要，因为当前的商业规模较法案订立时期已经增长了三四倍，他很遗憾地发现这个手段似乎获得了大多数董事的支持。每位目睹有关沃特金斯先生行动讨论过程方面演讲的读者，一定发现该问题需要进一步的探讨，并且他相信已经存在进行这种探讨的必要。

琼斯先生声称在银行法案方面，他持完全反对的意见。他认为近期金融危机的主要起因是，在1865年我们得到外国约275 000 000英镑生产价值的东西，但是我们的出口价值仅为165 000 000英镑，因此我们逆差达到110 000 000英镑。他认为英格兰银行比较明智的做法是抗住任何增加纸币通胀的压力，他坚信工人阶级是最不可能从物价上涨中获益的那群人，尤其是在这种变化中发生物价上涨。

莫克松先生认为他很高兴得知英格兰银行在过去半年中手中的

不良债务数量。据说对外非常自信，在那个时期，董事们拥有重新流回自己手中的大约 3 000 000 英镑到 4 000 000 英镑的票据。

银行行长：我可以问下谁授权了您此次通告吗？我们非常高兴听到这些，因为之前我们听到有关这方面的传言，却从没有能力追溯其真正来源。

莫克松先生继续发表他的看法，不论不良债务规模是大还是小，他认为，大家掌握有关实际数额的全部信息是很有必要的。在会议上大家将知晓，英格兰银行持有大量的铁路信用债券；他想知道这些信用债券是否来自那些没有能力履行责任的铁路公司。他理解因为给泰晤士河堤账户提供贷款，对其部分财产进行冻结的行为，从另一方面看，这样一来，就没给一般性银行业务或者商业行为需求留下什么资金，并且结果果真如此，那么应该表达对这类政策的异议。还有另外一个他希望谈到的重点。他急切地想知道股份制银行在英格兰银行的累积余额。他担心在某些时刻，股份制银行可能将处于能左右英格兰银行停止兑付现金的状况。即使这类事情不可能发生，公众能够越迅速、充分地了解这个点越好。如果 10 家或者 12 家股份制银行均在英格兰银行维持大量资金余额，与此同时如果英格兰银行资金余额恰好处于低点，人们自然会怀疑股份制银行对英格兰银行的影响力超过了它们应有的水平。他希望进一步探讨，董事们是否应该开始考虑支付存款利息的这一权宜手段。他相信在其目前的经营模式之下，在银行获取更大利润之前，这样的手段可能对银行自身和公众都会有好处；他建议在法兰西银行采纳该系统之后，银行应该着手证券监管工作。莫克松先生最终给出的结论是，出于供给方面的考虑，他提供如下三个建议：第一，公布英格兰银行所有股东持股情况，另外再提供一份那些没有资格投票的股东的清单，这些人被定义为股票数量较少或者持有股票时间较短的股东；第二，发布英格兰银行章程，包括为更好地管理公司而通过的规则、决议、细则，并且印刷出来供股东使用；第三，任命审计员对英格兰银行的账目细节进行审计。

格斯滕伯格先生建议董事们应该阻止目前在欧洲大陆盛行的这类错误的继续扩散，英格兰银行应该停止以铸币支付。

W. 宝特利先生认为他希望看到董事们开始考虑支付存款利息的对策问题。

奥尔德曼·所罗门先生感谢为其提供表达观点的机会，他相信没有什么能够让经理人和股份制银行的股东更加满意的了，即英格兰银行行长在接受危机的考验时，其行为表现仍旧可靠和受人尊敬。这显然是需要的，股份制银行和银行业利息的运营一般是跟英格兰银行保持协调一致的；他真诚地感谢英格兰银行行长的美德，在此他暗指股份制银行遭遇的最近这场金融危机中，银行业态所采取的模式。

英格兰银行行长说：在对股息问题的提问予以表决前，我希望再强调一两点内容，均是各位在本次会议上已经提到的问题。我们关注的最永恒的话题是是否采用存款利息手段；在该问题上，我必须要说明我坚信在英格兰银行，不能实践具有太大风险的创新。研究奥弗伦－格尼公司及其他许多机构的破产，我们追溯其政策会发现，它们已经开始为活期存款支付利息，然而正是由于以这种方式获取资金（这笔活期存款）来支持其在爱尔兰、美国或者海底进行投机买卖，当压力来临的那一刻，这笔钱并不能即刻利用，因此这样的行为是非常冒险的投资活动。

宝特利先生说他不是指活期存款。

英格兰银行行长继续说，这只是个细节问题；主要的问题是我们是否应该给为存款支付利息，对这类政策，我持完全否定的态度。莫克松先生提到了我们的债务数量问题，但是，我可能需要冒昧地打断他，我们不能追溯任何在此问题上广为传播的流言根源。只要认为它已经存在，其起源的最大可能是来自英格兰银行提供的大量贷款数额。然而，必须关注的是，我们从不给没有充足安全保障的金融品提供贷款，对于这一行为，最好的证明就是我们契约中小得不可思议的不良债务数额。当然，公布准确的债务数额也不是英格兰银行的一贯风格；当然我相信在这一时点提及此事，大家会认为此事不切实际。我相信我们目前的分红与我们曾实现的一样公正，同时给各位股东实现这样的收益也是非常不容易的；这需要我们每位董事保持高度的警惕和付出极大的心血；并且我再加一句，如果你将自己的账户转交给审计员管理的话，我相信你只能减少他们的责任感，并导致业务的管理混乱。如果你的董事们值得你信任，他们无疑具备履行该职责的能力；如果他们不应该获得信任，你就不应该再让他们留在目前的职位上了。考虑我们假设冻结的那笔资金，必须要注意的是，我们手中有 14 000 000 英镑，我们必须将其投资于各类证券；无法想象我们的资金被冻结，并不能用于商业贷款的情形。我们在三个月的时间提供了 45 000 000 英镑的贷款；或者你还有什么需求？有人建议我们应该接管证券；但是我们发现除了自己客户的证券，我们有必要拒绝其他所有证券，我相信，对证券的监管将正式成为一个越来越大的麻烦。接下来考虑铁路信用债券，在此，请相信我们并不是犯了疑心病。我们的态度是只拥有一些一级铁路公司的信用债券，以及一些我们熟悉的，且其受到良好行为规范的公司的债券。上述议题之前都曾经提到过，现在，我会提出宣布红利的议案。

该议案提之有据，并一致通过。

主席宣布将通过下周二的投票来确定决议，在议会的法案条款下，英格兰银行不得以其他方式派发高于前半年分红的资金。

莫克松先生提出的三个决议在那时将被宣读，但是上述提议并未提交会议讨论，主要原因是未找到决定的支持者。

奥尔德曼 · 所罗门先生认为他们的行长已经观察到对存款支付利率会引起反对；同时每个人都看到这样的实践不应该被英格兰银行采纳。他认为行长并没有否定在股份制银行进行这类实践的可能性，行长认可股份制银行将自身业务经营得有信誉并十分成功。

银行行长认为英格兰银行实施这样的系统具有一定的风险，如果按照莫克松先生打算的那样，英格兰银行实施起来也会很危险。

P. N. 劳里先生说他理解英格兰银行行长所说的对短期存款付息

是危险的，他赞同这个判断。

奥尔德曼·所罗门先生认为，他也持有相同观点。

根据奥尔德曼·所罗门先生的提议，以及宝特利先生的附议，大会对英格兰银行行长和董事们在过去半年的能力表现以及成功地管理英格兰银行表示由衷的感谢，股东大会到此为止。

附录二

E. 约翰斯通

注释一

考虑资源的相对规模，伦敦市场并没有完全占据优势地位。大城市银行存款确实取得极大增长。截至 1905 年 12 月底，存款总额为 504 000 000 英镑，但是在全部存款构成中（较接近的估计，基于合并的原因，比较分析不可能十分精确），银行持有 230 000 000 英镑，这笔资金并不包含在 1872 年 12 月 31 日的公告里，同时拥有乡村分支机构的银行持有着一大笔地方性和伦敦的资金。考虑到这些方面，纽约的股份制银行数据表现出更大的增长，它们在 1905 年底的存款（包含政府存款）总计略超过 195 000 000 英镑，而 1873 年该数额为 40 000 000 英镑。但是，与伦敦银行类似，纽约银行的存款也包含了全国其他银行的大量存款余额。在德国，存款性银行业务也获得了巨大进步。然而不幸运的是，德国统计口径及形式设定差异导致与英国银行相关项目进行对比存在巨大困难。德国银行在“存款”项下，仅设置了这样的数额，即有召回需求或者一些特殊款项，期限通常是 3 个月或者 6 个月。然而，存在另外的项目，“债权人”项下，包含的数额主要由经常账户持有者产生，同时包含一些明显是其他形式的负债。根据《法兰克福人》报，八家最大的柏林银行（不包括德国国家银行）“存款”项在 1905 年底的存款总额为 52 100 000 英镑，他们的“债权人”项为 98 463 000 英镑。此外，德国国家银行在当日对经常账户持有者负债为 24 105 000 英镑。《法兰克福人》同时也提供了德国 40 家领先银行的统计，即那些不少于 500 000 英镑资产的银行（但是不包括德国国家银行）。在 1905 年末，这些银行持有的“存款”额为 73 736 000 英镑，同时在“债权人”项下的数额为 144 223 000 英镑。当然这不是德国银行大幅增长的唯一原因，这些银行现在在全球金融方面扮演着重要的角色。柏林现在是实行对外国贷款的一个重要市场，通过这些银行手段，大量的德国资本进入了外国工业企业领域。然而，这些市场的增长并没有缓解“伦巴第街”的问题。相反，它进一步突显了“伦巴第街”的脆弱性。它增加了在压力时期施加于我们身上的黄金需求的量级，因此导致较往常更多的需求，意味着英格兰银行需要维持更充足的储备。

注释二

在1891年12月31日，这四家银行的储备总计70 000 000英镑，但是由于合并计算方法，在原有四家银行中，将有两家银行的身份由其他银行替换，在本书完成以后的时间，很难进一步准确追溯这种存款增长的情形。而只能通过一些蛛丝马迹来分析五家纯大城市银行（包含一家规模稍小些的）在1905年12月31日持有的存款额为78 000 000英镑这一情况，在同一天，10家伦敦银行包括乡村分支机构持有的存款总额累计达374 000 000英镑。英格兰银行的私人存款在1905年12月27日总计44 000 000英镑。